幼儿园室内外建构游戏指导

邵爱红　主编

中国轻工业出版社

图书在版编目(CIP)数据

幼儿园室内外建构游戏指导/邵爱红主编. —北京：中国轻工业出版社，2016.2（2025.7重印）
ISBN 978-7-5184-0676-0

Ⅰ.①幼… Ⅱ.①邵… Ⅲ.①游戏课－学前教育－教学参考资料 Ⅳ.①G613.7

中国版本图书馆CIP数据核字（2015）第253286号

保留所有权利。非经中国轻工业出版社"万千教育"书面授权，任何人不得以任何方式（包括但不限于电子、机械、手工或其他尚未被发明或应用的技术手段）复印、拍照、扫描、录音、朗读、存储、发表本书中任何部分或本书全部内容（包括但不限于光盘、音频、视频等）。中国轻工业出版社"万千教育"未授权任何机构提供源自本书内容的电子文件阅览、收听或下载服务。如有此类非法行为，查实必究。

责任编辑：吴　红　　责任终审：腾炎福
策划编辑：高　君　　责任校对：刘志颖　　责任监印：吴维斌

出版发行：中国轻工业出版社（北京鲁谷东街5号，邮编：100040）
印　　刷：三河市鑫金马印装有限公司
经　　销：各地新华书店
版　　次：2025年7月第1版第12次印刷
开　　本：710×1000　1/16　印张：17
字　　数：115千字
印　　数：32001—34000
书　　号：ISBN 978-7-5184-0676-0　　定价：36.00元
读者热线：010-65181109
发行电话：010-85119832　　010-85119912
网　　址：http://www.chlip.com.cn　　http://www.wqedu.com
电子信箱：1012305542@qq.com
版权所有　侵权必究
如发现图书残缺请拨打读者热线联系调换
251039Y1C112ZBW

前　言

"儿童，是由一百种组成的。儿童有一百种语言，一百双手，一百个思想，一百种思考、游戏和说话的方式……"这是世界著名的意大利瑞吉欧学前教育系统创始人洛里斯·马拉古兹（Loris Malaguzzi）写的一首诗。每每读到这段文字，我们内心总有这样的一种情愫涌动：作为陪伴儿童一路成长的成人，我们如何支持他们多样化的表达？如何让他们的童年率性本真？带着这样的思考，我们回到了儿童生命的原点——游戏。儿童和游戏的关系就像生命和呼吸的关系，如影随形。游戏中的儿童总能散发出一种力量，它是如此地生动、鲜活，关乎儿童的成长。在儿童游戏的世界里探索，我们发现了一条路径：建构游戏。

建构游戏是孩子们通过塑形的方式来表达自己的认知与情感的一种语言。与众多表达方式不同的是，建构游戏是一种立体表征，需要借助一定的材料。于是，两年前的暑假，我们开始了寻访材料之旅。忘不了炎炎夏日里，我们去宁波市横溪镇拜访老篾匠，经过一番软磨硬泡，最终说服他帮我们制作原创的打孔竹管；忘不了朦胧夜色中，我们和保安师傅一起去外滩的"酒吧一条街"，说服酒吧主人以几乎无偿的方式将啤酒桶赠予我们；忘不了我们一路长途驱车抵达玩具厂，只为让对方能够承接我们自主设计的一套户外木质积木玩具。现在想来，过去种种犹如斑驳记忆中的一抹亮色，值得静静收藏。

几年的游戏探索历程，让我们目睹了孩子们身上发生的蜕变。记得有天下午，笔者陪同南京师范大学学前教育系的邱学青教授观看孩子们的游戏。我们走进中班的教室后，一个胖乎乎的男孩自豪地向我们介绍起他的作品："我搭的是许愿桥，当你走到桥上时，只要闭上眼睛许个愿望，就会实现。"看他一脸虔诚，邱教授打趣道："我很想许个愿，该从哪里上去啊？"男孩思索了一会儿，拿起一块麻将牌（注：他的桥是用麻将牌搭的）纵向放在桥脚，认真地说："这是移动门，我现在命令它移动，你就可以上桥许愿了！"邱教授于是配合孩子认真地许起愿来。那一刻，笔者深深地感受到：是建构游戏为我们打开了"阅读孩子"的另一扇门，让我们得以充分地触摸孩子的思想和灵魂。当然，成长的不仅仅是孩子。我们园的老师们从一开始害怕写观察记录，到现在能用独特的眼光看待游戏中的儿童，欣然提笔记录所见所闻、所思所悟，可以说是建构游戏带给她们的最好的礼物。

本书分为理论篇和实践篇两部分。理论篇主要介绍了幼儿园建构游戏的概念、特点、价值及建构游戏的环境规划、观察记录、组织评价等内容。实践篇则按照积木工作坊、班级建构区与户外建构区遴选了30个游戏案例。本书的编撰是草根式的。也许，它在理论阐述上缺乏高度，在文字描写上缺乏严谨，但透过文字，能看到我们幼儿园的老师们是如何有序地规划建构游戏的空间环境的，是如何对各类不同的游戏材料进行加工与改造的，以及是如何观察孩子们的游戏并给予一定的支持的。相信这些鲜活的文字能引发大家对建构游戏的热情与思考。

感谢我的团队成员们参与相关案例的修改工作，她们是潘红梅、梁瑛、赵俊、章丹、姜娴、戴娜老师。感谢浙江省宁波市教育科学研究所的余海军老师，他对本书的理论部分所做的指导与把关，所给予的鼓励也让我们有了前行的信心。感谢中国轻工业出版社万千教育编辑部的高君女士，她就书稿的大纲和案例的体例给出了简洁、实用的建议。

建构游戏，让孩子的表达更精彩！

邱爱红

2015年10月11日

目　录

理论篇 1
一、幼儿园建构游戏的概念与特点 3
二、幼儿园建构游戏的价值 5
三、幼儿园常见的建构游戏材料 7
四、幼儿园建构游戏中的建构方法 9
五、幼儿园建构游戏的环境规划 19
六、幼儿园建构游戏的内容来源 33
七、幼儿园建构游戏的组织 36
八、幼儿园建构游戏的观察与分析 38
九、幼儿园建构游戏的指导策略 44
十、幼儿园建构游戏评价 56

实践篇 69
一、积木工作坊游戏案例 71
　案例1　小班：给兔奶奶铺路 71
　案例2　小班：给小鸡造个家 76
　案例3　中班：滑梯 82
　案例4　中班：肯德基 88
　案例5　大班："蝴蝶"立交桥 95
　案例6　大班：天封塔 103
　案例7　大班：南塘老街 110

案例8　大班：雄伟的长城 115
　　案例9　大班：埃菲尔铁塔 121
　　案例10　大班：我心目中的小学 128

二、班级建构区游戏案例 134

　　案例11　托班：和机器人做游戏 134
　　案例12　小班：火车开来了 139
　　案例13　小班：城里的桥 146
　　案例14　中班：小红帽历险记 153
　　案例15　中班：魔幻森林 160
　　案例16　中班：博物馆 167
　　案例17　中班：热闹的大街 173
　　案例18　大班：未来的城市 179
　　案例19　大班：游乐场 185
　　案例20　大班：美丽的月湖 191

三、户外建构游戏案例 198

　　案例21　中班：运水 198
　　案例22　大班：好玩的椅子 203
　　案例23　中大班：地道战 210
　　案例24　中大班：水管迷宫 217
　　案例25　中大班：马路上的风景 224
　　案例26　中大班：竹筏变形记 231
　　案例27　中大班：兵器馆 238
　　案例28　中大班：纸箱迷宫 245
　　案例29　中大班：长城 250
　　案例30　中大班：动物乐园 255

参考文献 263

理 论 篇

一、幼儿园建构游戏的概念与特点

建构游戏，也叫"结构游戏"。在我国古代，"结构"意指"建造房屋"，如杜甫《同李太守登历下古城员外新亭》中"新亭结构罢，隐见清湖阴"，其中"结构"即为建造房屋的意思。由此推论，在古代"结构活动"主要是指一些建筑、建造活动。在国外，"结构"一词是由拉丁文 ConsTrucTic 演变而来的，原意是"建筑"，即建筑活动。

早期的结构游戏，主要是指用泥土、木块、石头建筑房子，此后在专门的玩具和游戏书籍中出现了建构游戏，从材料、玩法和建构造型上都发生了很大的变化，游戏的概念也随之扩大。现在，人们把运用各种建筑玩具或材料进行构造的活动或游戏都称为建构游戏。

幼儿园建构游戏具有以下几个特点。

（一）自主性

在建构游戏中，幼儿按照自己的意愿选择感兴趣的主题或内容，自主地选择相应的空间和材料，按自己的想象进行建构活动并自由地推进游戏的进程。

在游戏过程中，幼儿不断地进行内省，尝试自我调适从而解决问题；游戏结束时，他们能对自我的想法与行为做出评价。这一切，皆表明儿童的建构游戏具有自主性特征。

（二）操作性

建构游戏材料是由各种无形象的建构元件组成的。在游戏前，这些材料本身是没有意义的零件，通过幼儿的操作，这些无意义的零件组合成有意义的整体。幼儿可以使用建构游戏材料随意建构，表现各种不同的造型，满足他们的建构梦想。在造型过程中，幼儿运用材料并根据自己的需要随意改变和调整材料,甚至推倒重新建构,直到建构作品达到他们的预期。

(三) 结构性

材料是建构游戏开展的前提与基础。根据性质的不同,建构材料可分为低结构和无结构两类。无结构材料在建构游戏材料中的占比非常少,大多数建构游戏使用的材料为低结构材料。

在由低结构材料引发的游戏中,均可以看到幼儿以一定的结构或序列开展游戏,这是建构游戏特有的属性。

(四) 象征性

建构游戏是一种象征性游戏,幼儿运用建构作品来表现自己对世界的认识。比如,幼儿把积木排成长长的一排,说是火车;把积木叠高,说是高楼。甚至,由几块积木摆成的造型在一分钟前是汽车,在一分钟后就被认为是凯旋门。

在运用材料进行象征性表达的过程中,幼儿还遵循艺术造型的基本规律,如建构的比例、色彩的搭配、形状的组合等,呈现的建构物往往比较夸张、有趣,是充满童趣的艺术品。

(五) 创造性

建构游戏与角色游戏一样,都是通过想象活动创造性地反映现实生活的游戏。游戏中,幼儿根据自己的愿望构思,满足积极活动的要求并产生愉悦的情绪。建构游戏与角色游戏又有区别,角色游戏是通过扮演角色来反映现实生活;建构游戏是通过幼儿动手造型,构造物体或建筑物,实现对周围现实生活的反映。

建构游戏中,幼儿触摸、摆弄材料,随着流动的意象而发生动作,随着多变的造型而构思情节。在整个过程中,他们可能不断推倒重来,

活动结束后留给成人的可能是一片混乱,但所有的创造都留在了孩子们的活动过程之中。

二、幼儿园建构游戏的价值

建构游戏是幼儿通过动手操作进行模拟、再现和塑造的活动,是一种蕴含着想象力和创造力的创造性活动。在游戏过程中,构想、操作和造型是其基本要素。幼儿运用多样化的材料,依照自己的意愿构思、动手操作、构造物体等,丰富地再现着现实社会生活中的各种建筑物、建筑活动和建筑格局。因此,建构游戏对于幼儿的发展价值主要体现在以下两个方面。

(一)发展能力

幼儿在堆砌、排列和组合的活动中,认识各种材料的性能,区别形体;学习空间关系及整体与部分的概念,发展感知觉、目测力、操作能力及创造性;同时,幼儿在建造活动中努力反映真实的物体,有助于培养审美能力和美的创造力。比如,他们用积塑插一只形象逼真、色彩艳丽的孔雀,在沙水区建造漂亮的公园以及宏伟壮观的万里长城、长江大桥等。

(二)塑造品性

幼儿期是各种能力发展的关键期,而良好习惯和品性的塑造则会让幼儿受益终身。建构游戏在有效发展幼儿的动作、认知、艺术想象和创造力的同时,也会对他们的学习自主性、主动性、合作性,以及做事认真、克服困难、坚持到底等良好意志品质的磨砺具有重要的促进作用。因为在建构游戏中,幼儿不仅仅对现实环境进行机械的模仿与再现,还会在此基础上进行自主的想象、改造和创作,这其中倾注着他们的热情和意志。

结合美国著名的教育心理学家霍华德·加德纳的多元智能理论,建构游戏对于幼儿的发展价值如下（见表1）。

表1 建构游戏与幼儿的多元智能发展

发展领域		项目	实例对照
幼儿智能发展	语言智能	倾听表达	在和同伴的合作中相互沟通；讲述自己的建构历程，评价作品
		符号语言	在设计图中运用符号进行标识，让同伴了解自己建构的过程
	数理逻辑智能	数量	计算材料的多少，记录材料数量
		倍数	知道块和倍的关系
		对称	造型时考虑和运用对称的方法装饰
		图形及组合	认识材料的形状、大小、颜色等；知道两块正方形可以组合成长方形等
		守恒	当材料数量不变时，可以采用调整面积的方法
		估算	在积木数量固定的情况下，初步估算所建构的对象需要多少积木
		测量	门搭多高，小朋友才能走进去；超市柜台的高度多少适宜等
	空间智能	不同视角	同一建构物的平面图、鸟瞰图等
		空间透视	画设计图，并根据设计图进行建构
		方位感知	上下、前后、左右、空间设置
	身体运动智能	大肌肉动作	搬运建构游戏材料、堆叠材料、运动、协调手臂与肩膀的大肌肉等
		精细动作	拼、插、捆、绑积木；画设计图
	艺术智能	使用素材	选择和使用建构游戏材料进行造型
		造型设计	运用多种技能组合完成各种造型
		欣赏	分享、欣赏彼此的作品
	人际智能	协调沟通	和同伴沟通、设计建构内容
		合作分工	分工合作，尊重大家的意见
		谦让尊重	建构中互相谦让，懂得尊重他人的意见并保护同伴的作品
	内省智能	自我认同	在游戏中得到认可，树立自信心，产生成就感
		坚持性	养成克服困难、坚持到底的品质

三、幼儿园常见的建构游戏材料

游戏材料是保障游戏顺利开展的重要载体，是促进幼儿多样化发展的重要支架。幼儿园常见的建构游戏材料主要有以下两类。

（一）低结构材料

低结构材料是指结构简单、功能多元、可变性强、操作性强，可以让建构者按照自己的想法任意操作、改变、组合的材料。幼儿园的低结构游戏材料主要有三大类，即积木类、积塑类、废旧材料类。

1. 积木类

积木是指以木头为材料制作而成的建构游戏材料，主要有单元积木、空心积木等（见图 1-3-1—图 1-3-4）。

图 1-3-1　单元积木

图 1-3-2　单元积木

图 1-3-3　彩色单元积木

图 1-3-4　空心积木

2. 积塑类

积塑是指用塑料制作的各种形状的片、块、粒、棒等部件，通过接插、镶嵌等组成各种物体或建筑物造型，主要有雪花积塑、齿型积塑、百变积塑、邦宝积塑、星星积塑、圈圈积塑等（见图1-3-5—图1-3-10）。

图1-3-5　雪花积塑

图1-3-6　齿轮积塑

图1-3-7　百变积塑

图1-3-8　邦宝积塑

图1-3-9　星星积塑

图1-3-10　圈圈积塑

3. 废旧材料类

废旧材料主要是指来自人们生活中的可用于建构游戏的废旧物品，主要有雪糕棒、纸牌、筷子、麻将牌、水管、啤酒桶、砖头、竹子、纸箱纸盒、矿泉水瓶、易拉罐、薯片罐等。

（二）无结构材料

无结构材料是指不定型的建构材料，可以由幼儿随意操作，主要有沙、水、土、泥、雪等。

四、幼儿园建构游戏中的建构方法

幼儿园的建构游戏，因材料的不同，生发出多样化的建构方法。总体来说，低年龄段幼儿能用平铺、延长、围合、堆高、加宽、盖顶等方法建构造型简单的物体形象；高年龄段幼儿则能综合运用接插、镶嵌、排列、堆积、交叉、转向、螺旋等方法，建构较复杂、精细、匀称的物体形象。

（一）接插、镶嵌

利用接插、镶嵌方式进行建构活动的玩具有齿轮积塑、雪花积塑、插塑块等。这类玩具的建构元件上都有凸出的"头"和凹进的"孔"，或者开有"槽"（缺口）。"头"与"孔"、"槽"与"槽"的大小、深浅一致，可互相接插、镶嵌组合成一个建构物。

接插、镶嵌的建构方式主要有连接、填平、组合等。

1. 连接

连接是指两个建构元件接插，形成一个整体。连接的基本方法主要有以下几种。

（1）单孔连接：指建构元件只有一个头和孔，与其他元件连接时只能作首尾连接（见图1-4-1）。

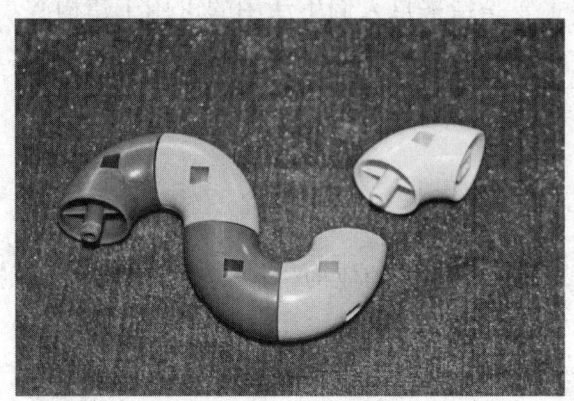

图1-4-1　单孔连接

（2）多孔连接：指建构元件上有多个头或者孔，在建构时需要建构元件间每一个"头"与"孔"对应连接（见图1-4-2）。多孔连接可以形成牢固的面，在建构桌子、椅子时运用比较多。

图1-4-2　多孔连接

（3）交叉连接：指建构元件之间进行纵横交错的连接（见图1-4-3）。

图1-4-3　交叉连接

（4）间隔连接：指不同颜色、不同建构元件的相间排列（见图1-4-4）。

图1-4-4　间隔连接

（5）围合连接：指建构元件封闭连接，形成各种形状（见图1-4-5、图1-4-6）。

 图 1-4-5 围合连接
 图 1-4-6 围合连接

2. 填平

填平，是指把一个建构元件插入另一建构元件的空缺部分，使之形成一个平面（见图 1-4-7、图 1-4-8）。

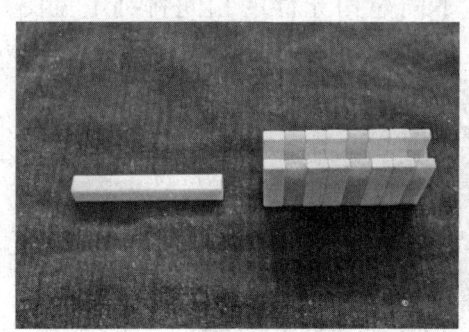 图 1-4-7 填平前
 图 1-4-8 填平后

3. 组合

在一个建构元件的插口上插入其他建构元件，形成新的造型，这就是组合。与多孔连接的不同之处在于，组合的方法适用于带有卡口的积塑，即在一个元件的卡口处接插其他的元件，形成新的造型。组合一般有直接组合与间接组合两种。

（1）直接组合：指将两个或两个以上构件的接插口直接接插而形成某一物体形象（见图 1-4-9）。

（2）间接组合：指在两个构件无法直接接插的情况下，用另一种建构元件作为中介进行接插而形成某一物体形象（见图 1-4-10）。

图 1-4-9　直接组合

图 1-4-10　间接组合

（二）排列、堆积

用排列、堆积等方式进行构造活动的玩具主要是各种型号的积木。每一块积木都有固定的几何形状，没有凹槽和接头，表面平整光滑，只能用排列、堆积等方法进行拼搭。

1. 排列

（1）延长铺平：这是积木之间横向或者纵向水平连接的方式，每一块积木的左右两边都可以放置另外一块积木使其延伸，在延长排列时要求将积木铺平、对齐（见图1-4-11）。

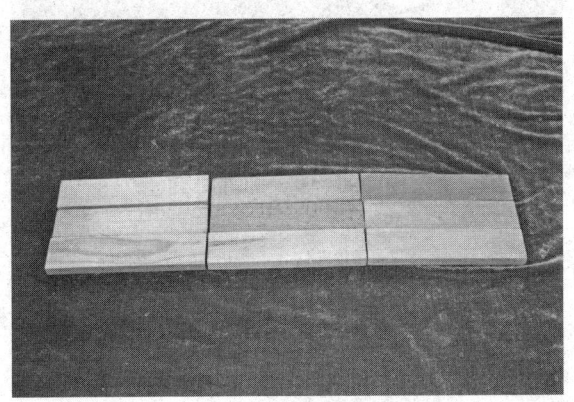

图 1-4-11　延长铺平

（2）围合排列：指用积木围合空间，使里外不通（见图1-4-12、

图 1-4-13）。

图 1-4-12　围合排列

图 1-4-13　围合排列

（3）间隔排列：指积木之间有规律的间隔排列，可以是大小间隔、形状间隔、色彩间隔（见图 1-4-14），也可以是相同积木横竖位置的间隔。这种技能一般用于构建栅栏、道路等。

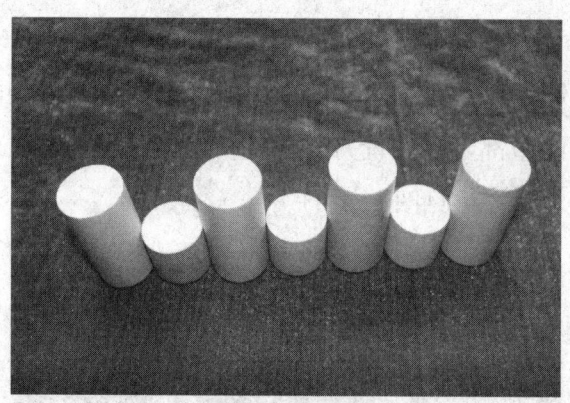
图 1-4-14　间隔排列

（4）拼图排列：指把积木排列成一种平面图形。由于积木呈现几何图形，因而根据几何图形之间的组合关系，可拼搭成各种形状（见图 1-4-15）。

图 1-4-15　拼图排列

（5）对称排列：在中心线（轴）两边的积木旋转180°后，其形状、大小、颜色能完全重合的排列为对称排列。中心线（轴）两边的积木如果形状、大小、颜色一样，而位置不对称的则为不对称排列。

对称排列能使人产生平衡、均匀的感觉，它是建构造型中重要的排列方式。对称排列的关键在于建构中的积木数量、形状、颜色以及空间方位的完全对称（见图1-4-16）。

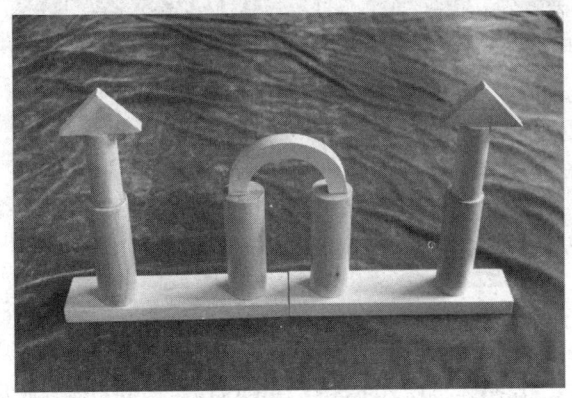

图 1-4-16　对称排列

2. 堆积

（1）叠高：指积木之间向上堆放的连接（见图1-4-17）。叠高堆积的难点是保持堆积物的平衡与稳定，掌握堆积物的重心是实现平衡与稳定的重要条件。

（2）盖顶：指用积木或者盖板将平面排列的积木由上而下地遮掩（见图1-4-18）。盖顶后的物体在高度上有了限制。

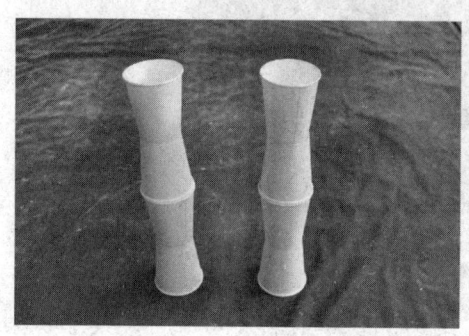

图1-4-17 纸杯叠高

图1-4-18 盖顶

（3）拼搭台阶：指逐渐增高呈阶梯状的积木堆积（见图1-4-19）。拼搭台阶有两种方法，既可由上向下搭，也可从下往上搭。

图1-4-19 由空心积木搭建的台阶

（4）砌墙：指积木加高时各层呈现有规律的交错排列（见图1-4-20），即先在最下面一排延长铺平排列；第二排加高排列时，积木a放在第一排A、B积木中间，积木b放在第一排B、C积木中间，顺次排列；第三、四排的建构方法以此类推。

图 1-4-20 砌墙

（5）间隔堆积：指积木之间有规律的间隔堆积（见图 1-4-21），包括大小间隔、形状间隔、色彩间隔等，也有用相同积木横竖堆积的间隔；其中既有两种积木的简单间隔，也有更多不同积木的复杂间隔。

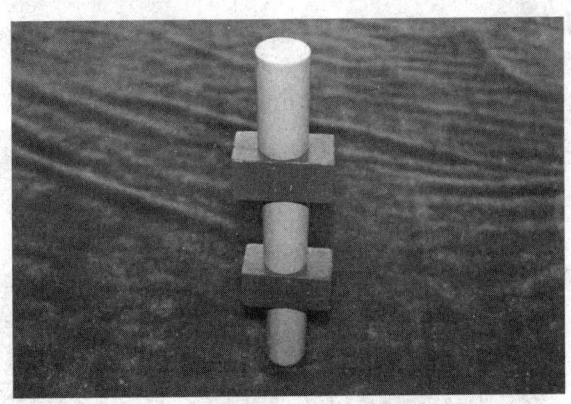

图 1-4-21 间隔堆积

（三）交叉

交叉是指在积木之间穿梭建构，主要有十字交叉和架空交叉两类。

1. 十字交叉

十字交叉，是指在水平方向延长铺平的基础上，在其中心点作垂直方向的延长铺平，从而形成在一个平面上的"十"字（见图 1-4-22）。

此技能主要用于搭建马路、公园等。

2. 架空交叉

架空交叉，是指利用架空层的空间，在不同水平面上所形成的交叉（见图1-4-23）。架空交叉在城市立交桥建构中比较常见。

图1-4-22 十字交叉

图1-4-23 架空交叉

（四）转向

积木建构中的转向建构能使幼儿的作品更加美观，富有层次感。转向的方法有直角转向和利用拱形积木或弯头进行的有弧度的转向两种（见图1-4-24—图1-4-26）。

图1-4-24 直角转向

图1-4-25 有弧度的转向

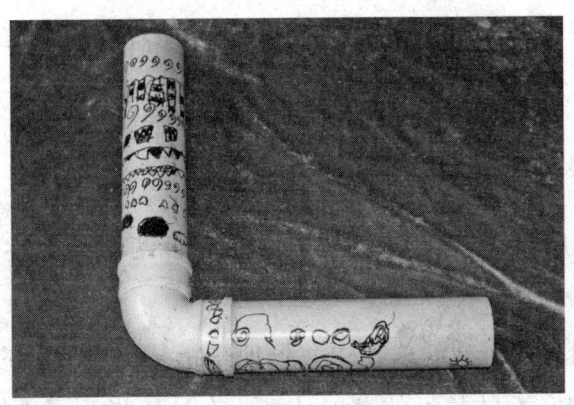

图 1-4-26 有弧度的转向

（五）螺旋

螺旋建构，是指旋转螺丝将各建构元件连接的构造活动（见图 1-4-27）。螺旋建构游戏比较适合中大班幼儿，此类游戏满足了他们发展动作技能和模仿成人劳动的需要。

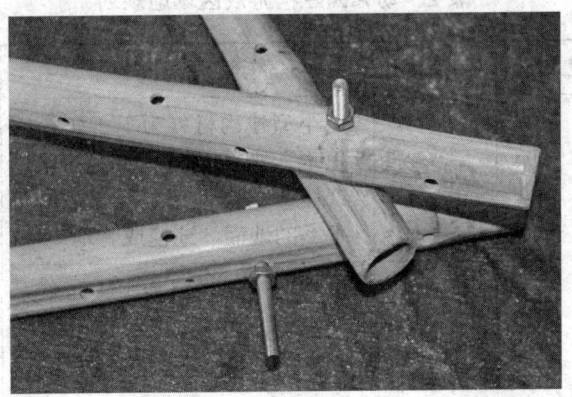

图 1-4-27 螺旋建构

五、幼儿园建构游戏的环境规划

良好的游戏环境是科学、全面开展游戏活动的前提和基础。教师要

想开展建构游戏,首先需要考虑创设建构游戏环境的问题,包括适宜的物质环境、社会/情感环境、认知/操作环境三个方面。

(一)创设适宜的物质环境

适宜的物质环境包括场地规划和空间设计两个方面。

1. 场地规划

场地规划是一个建筑学术语,场地是指某一块特定的地方;规划,意即制订比较全面的长远的发展计划。在这里指为了更好地开展建构游戏活动,教师有意识地对建构游戏活动场地进行较长时间的改造与利用。

幼儿园建构游戏场地大致包括班级建构区、积木工作坊、户外建构区三种(见表2)。由于建构游戏材料的类型、材质、大小及参与建构游戏的人数等不同,其环境与条件的创设也各有特点。

表2 幼儿园建构游戏区场地规划

名 称	游戏人数	人均面积	资源配置	备 注
班级建构区	5～7人	2平方米	■以小型建构材料为主,如彩色积木、雪花积塑、邦宝积塑、纸杯等 ■平整的地面、地毯或者地垫	适宜的游戏空间密度要考虑两方面因素: ①游戏人数。参考《浙江省幼儿园等级评定标准》,室内人均不少于2平方米,室外人均不少于4平方米。 ②材料形态。材料越大,要求建构空间越大。
积木工作坊	12～15人	2平方米	■以中型建构材料为主,如单元大积木、空心大积木等 ■平整的地面,最好铺设硬质地板 ■软木板或隔音板墙面,以方便张贴图片	
户外建构区	18～22人	4平方米	■以大型建构材料为主,如轻质砖、PVC管、纸箱、啤酒桶等 ■地面平整,塑胶、水泥地均可	

2. 空间设计

空间设计的概念来自家装领域，指房子装修完毕之后，利用那些易更换、易变动位置的饰物与家具，对室内环境的二度陈设与布置。班级建构区、积木工作坊、户外建构区因场地情况不同，在空间设计方面也各有不同。

（1）班级建构区。班级建构区的空间设计，可利用移动组合柜、材料柜、桌椅、地垫等物品将空间分隔成材料区、建构区、展示区三大块内容。

①材料区：目前，各幼儿园建构游戏材料类型丰富且形状多样，因此在设计空间时应考虑单独设置有利于科学合理存放建构材料的材料区。根据材料在建构游戏中的不同功能，还可以分成主体建材区、辅助材料区和材料加油站。

a. 主体建材区：主体建材区用来投放主要使用的建构材料，多为购置的成品玩具，如积木、插塑等。同时，还可以广泛收集废旧物品自制建构材料。自制游戏材料不仅经济实惠，而且富有变化，能够一物多用，促进幼儿想象力和创造力的发展。

主体建构游戏材料的选购要考虑到幼儿的年龄特点。针对小班幼儿，应选购色彩亮丽、体积稍大且形状简单的材料，材料种类不要太多，但同一种类的材料数量要充足，以满足小班幼儿平行游戏的需要；针对中班幼儿，应选购种类多样、形态多元，需要一定精细肌肉控制才能完成建构活动的材料；针对大班幼儿，应选购数量充足、富有变化和挑战性的材料。

b. 辅助材料区：辅助材料区用来投放辅助使用的材料。建构游戏辅助材料是指直接用于建构游戏，在游戏中起辅助作用或替代建构主体材料融入幼儿的建构作品的材料。一般可分为以下几种类型。

● 废旧物品：易拉罐、牛奶罐、奶粉罐、塑料瓶；一次性杯子、餐盒；各种纸盒、纸箱等。

- 板材：硬纸板、木板、有机玻璃、塑料板等。
- 绳线：麻绳、毛线等。

以积木游戏为例，积木游戏中常用的主体材料有平板积木、圆柱形积木、半圆形积木、罗马拱形积木、三角形积木、底板等。常见可替代辅助材料有易拉罐、牛奶罐、薯片罐，各种大小的纸盒、纸箱、纸板等（见表3）。

表3　积木游戏中的可替代辅助材料

辅助材料	可代替积木	简要说明
		各类积木的尺寸、面积是标准的、固定的，但辅助材料可根据建构主题内容的需要进行适当调整。比如，易拉罐、薯片罐可代替长短、大小不一的圆柱形积木；各类大小不同的纸盒可代替空心积木；硬纸板经随意剪裁后可代替平板积木或底板

在辅助材料的使用上，需注意以下原则：
- 辅助材料的适宜性。辅助材料的运用要适宜，盲目地运用只会干扰幼儿的创作。因此每个活动前，教师先要和孩子们商量并确定

建构活动的主题，之后师生共同搜集建构所需的辅助材料，并且在活动前请幼儿想一想、说一说辅助材料可以如何运用。如此，才能更好地把辅助材料运用到建构活动之中。

- 辅助材料的安全性。幼儿所用的材料一定是安全的，因此教师在投放辅助材料前要仔细确认材料的安全性。比如，易拉罐的开口要封死，以免幼儿不小心被划伤。

- 辅助材料的层次性。幼儿的搭建水平是逐步发展起来的，因此针对处于不同发展阶段的幼儿，为他们提供的辅助材料也要由浅入深、循序渐进。在小班初期阶段，为幼儿提供的材料一般应由教师准备，主要是易拉罐、纸盒等，可供幼儿进行最基础的技能练习；到了中班，材料可由幼儿自己从家里带来（废旧物品），教师可以帮助添加一些形状、大小不同的建构材料，最大可能地激发幼儿的创造力；而在大班，辅助材料应更加丰富多样，使幼儿的搭建水平有更高层次的突破，这些材料也可以由幼儿亲手制作而成。由此不难看出，结合幼儿的发展需要，逐步分层投放适宜的辅助材料，能够使幼儿的搭建水平稳步提高。

c. 材料加油站：建构游戏是创造性游戏的重要组成部分，建构活动中只有提供多元的、充足的材料才能满足幼儿的建构需求。而且，建构游戏往往会演变为角色游戏，而演变一般出现在对最后建构物的利用上。当幼儿利用其最后建构物开展游戏时，就会需要大量的其他游戏材料，而材料加油站能极大地满足幼儿的游戏需求。

材料加油站的材料可以是一次性杯子等废旧物品，也可以是纸、笔等供幼儿设计图纸时使用，还可以是适合小班幼儿的成品玩具或者适合中大班幼儿的低结构材料。

材料加油站可面向班级其他区域开放，共享游戏材料；同时也要允许幼儿在建构游戏过程中，到其他游戏区域寻找建构游戏需要的其他材料。

为了确保幼儿建构游戏的质量,在投放以上建构游戏材料时还需要遵循以下原则:

- 根据材料的特点提供适宜的容器。建构游戏材料结构多样、数量大,教师可以提供适宜的整理箱、塑料筐等方便幼儿收拾、整理材料。比如,块状材料适合存放在整理箱或塑料筐里(见图1-5-1);户外中、大型管状材料可竖放在塑料圆桶内(见图1-5-2)。在室内建构区,教师可以提供开放式的材料柜、积木柜存放一筐一筐的建构材料。

图1-5-1 塑料筐

图1-5-2 塑料圆桶

- 固定存放位置,定点定位。将分好类的建构材料放置在固定位置后,可以在此位置上贴上相应的标记或者画好定位线。分类标记形式多种,常用的有照片标记和图示标记(见图1-5-3、图1-5-4)。

图1-5-3 照片标记

图1-5-4 图示标记

- 及时更换、补充建构游戏材料。建构游戏材料具备反复游戏的特点，但对于损坏的游戏材料要及时更换。特别要关注材料加油站中的材料，要根据幼儿游戏的需要及时增补。

下面以游戏"热闹的城市"为例说明材料的配置（见表4）

表4 "热闹的城市"建构游戏中的材料配置

材料类型		具体材料	功能
主体建材区		各种规格的纸箱	建构作品主体需要
辅助材料区		硬纸板、塑料板、纸筒、纸棒等	在游戏建构中起辅助作用
材料加油站	高结构材料	成品玩具为主，如汽车、小树、花草、路灯等	主题建构完成后，直接运用成品玩具玩扮演游戏
	低结构材料	纸盒、纸杯、卡纸、瓦楞纸、彩纸、光盘、酒瓶盖等	运用材料自制各种汽车、红绿灯、楼房、树等城市街景
	工具	铅笔、彩笔、剪刀、胶水、双面胶、透明胶、订书机、打孔机等	利用工具有效地操作、改造材料

②建构区：建构区是指幼儿操作建构游戏材料进行建构的场地。游戏人数、人均面积、资源配置等因素都是规划建构区时要考虑的。

③展示区：《幼儿园教育指导纲要（试行）》指出："幼儿作品是幼儿表达自己认识和情感的重要方式，也是他们富有个性和创造性的自我表达方式。"为了保留和展示幼儿的建构游戏作品，建构游戏区空间内可单独设置展示区。根据幼儿建构作品的不同，展示区的物质准备也有所不同。

- 展示柜和展示架：适合展示小型的、固定成型的建构游戏作品。
- 展示墙和折叠架：适合展示大型的、无法长期保存或者移动的建构游戏作品，将这些作品拍摄成照片进行展示。
- 展示牌和展示贴：展示牌应注明作品名称、小小工程师的名字、作品照片等信息；展示贴更多的是展示幼儿在建构游戏中的故事、感想和游戏中的启示。

（2）积木工作坊。积木工作坊的空间设计除了班级建构区中提到的材料区、建构区和展示区以外，还可以设置一个设计角，投放纸、笔等物，满足幼儿建构游戏前设计游戏图纸的需要；在墙面上张贴幼儿设计的图纸；投放一些有关建筑的图册、绘本等，供幼儿参考。

（3）户外建构区。相对于室内建构空间的设计，户外建构区的材料区要考虑就近建构区，以方便幼儿拿取材料。材料存放要注意防晒、防雨、防尘等问题。户外建构区空间相对宽敞，只要考虑场地规划中的诸多元素即可。

户外建构区一般不特别设置展示区，可以利用幼儿园公共环境的墙面展示幼儿建构的大型作品的照片，也可以直接在建构区短期展示建构作品。

（二）创设适宜的社会/情感环境

美国教育家杜威认为："要想改变一个人，必先改变他的环境，环境改变了，他自然也跟着改变。"环境对幼儿的影响已经被广大教师接受，环境作为隐性课程已经进入幼儿园的课程之中。在建构游戏环境创设中，教师应利用墙面或者移动支架创设"支持性环境"，将教育意图客体化于建构游戏环境之中，以潜在影响和间接方式引导儿童的建构游戏行为和活动。

1. 创设"护"游戏常规的社会/情感环境

良好的游戏常规能确保幼儿游戏的顺利开展，所以教师要结合建构游戏常规的建立，增强环境中的自治因素。比如，通过入区卡、入区规则明确游戏人数；通过"小心轻放"等图示提醒幼儿要轻拿轻放材料等，通过环境中的自治因素维持游戏顺利展开。

2. 创设"激"游戏兴趣的社会/情感环境

爱因斯坦说过:"兴趣是最好的老师。"兴趣是可以在后天的生活过程中逐渐发展起来的。建构游戏中的支持性环境应当能激发幼儿对建构游戏的兴趣与探索的欲望,是富有吸引力的、挑战性的,并能满足幼儿的自信心和荣誉感。

(1)模仿建构"激"趣。比如,教师可以创设"请你试一试"版块(见图1-5-5):用麻将搭建房子、马、火箭、城堡等作品,并将其拍摄成照片展示在折叠支架上,暗示幼儿模仿老师的作品进行建构。幼儿模仿建构完成一个作品后,就可以选择一个代表成功的笑脸图标,并写上自己的学号,张贴在该照片的旁边。模仿建构降低了对幼儿建构技能和能力的要求,有助于幼儿尽快体验建构成功后的喜悦,从而"激"起下次建构的兴趣。

图 1-5-5

(2)设置挑战"激"趣。教师可以创设墙饰"纸牌擂台"(见图1-5-6):将各种纸牌作品的图片和照片根据其建构水平的难易程度分成三个星级,鼓励幼儿挑战不同星级的作品内容,并通过记录表记录挑战时间、挑战者、挑战情况(成功/失败)。大班幼儿已经具有初步的竞争意识,类似的挑战游戏更符合他们参与建构游戏的兴趣和需求。

图 1-5-6

（3）情境道具"激"趣。教师可以根据中班幼儿熟悉的故事《小红帽》设计"小红帽历险记"的情境，并提供房子、山、河、弯曲的路等情境道具。幼儿在游戏性的场景中进行建构，"遇到河就造桥""碰到山就搭弯曲路""看到'虎''狼'就进行围合"，他们的兴趣被充分激发出来了（见图 1-5-7、图 1-5-8）。

图 1-5-7

图 1-5-8

（三）创设适宜的认知／操作环境

建构游戏是幼儿创造性地反映现实生活的游戏，它的开展依赖幼儿丰富的生活经验和足够的游戏能力，建构游戏环境创设要关注幼儿这两个方面的提升和发展。

1. "拓"游戏经验的认知/操作环境

在建构游戏中，幼儿根据自己的想象、意愿进行构思、构造，表现一定物体的形态，而这些物体的形态是直接或者间接地来源于现实生活的。所以，幼儿要建构某一个物体时，就要具备此物体的相关经验。比如，下面是由三个小朋友搭建的"坦克"（见图1-5-9），虽然使用的建构材料和建构技能不同，但这三名幼儿都必须具备"坦克"的相关经验，特别是有关坦克外形特征、结构造型方面的经验。所以，建构游戏中的支持性环境要关注幼儿相关建构经验的拓展，丰富幼儿对生活中物体外形特征及其结构的认识。

图 1-5-9

（1）模型"拓"精度。幼儿对物体结构的深刻认识主要依靠直接观察，但受条件限制，很多时候不具备直接观察的可能性。模型按比例缩小尺寸，最接近实物，具有很强的仿真性。教师可以提供比萨斜塔、伦敦塔桥等模型，让幼儿细致观察物体的形状、构造，要让幼儿对其细节部位反复观察，从而形成丰富而深刻的印象。所以，建构游戏环境中提供各种实物模型，是拓展幼儿建构经验的有效方法。

（2）图片"拓"宽度。照片、图片对比实物模型，在真实性方面稍有逊色，但更易获得。为了弥补其真实性和立体感的不足，最好能呈现某个物体的一组照片。比如,在"城市立交桥"的环境中,教师不仅投放了各种样式的立交桥的图片,还提供了立交桥侧面、背面等多个角度的照片,甚至呈现了立交桥细节部分的放大图片。环境中提供一组有关同一物体多个角度的图片,有助于拓展幼儿对该物体全方位的建构经验。

(3)绘本"拓"广度。绘本是最适合幼儿阅读的图书形式,教师可尝试让绘本融入幼儿的建构游戏中。有的绘本蕴含着丰富的建构元素,比如绘本《地铁开工了》《火车出发了》,拓展了幼儿有关地铁、火车建设方面的知识和经验;有的绘本呈现的是世界著名的建筑,如《世界名桥》《世界名居》等,其多样性和独特性的建筑拓展了幼儿的视野,丰富了建构的素材。

幼儿的知识经验越丰富,建构游戏的内容、主题、过程也越丰富、多样。因此,教师在幼儿建构游戏中创设的支持性环境要多方面、全方位地帮助幼儿开阔视野。提供模型、图片、绘本,一方面能弥补直接观察的不足,丰富和加深幼儿对建构对象的印象,帮助他们全面了解其造型特点和外形特征,从而积累丰富的知识经验;另一方面对幼儿图像和建构作品之间的表征转换,提出了更高的要求和挑战。

2. "提"游戏能力的认知/操作环境

(1)基本技能图示"提"幼儿建构技能。建构游戏是以建筑与构造为特征的活动,其建筑和构造往往依赖一定的建构技能。幼儿只有掌握必需的建构知识和技能,才能让自己的创造性和主动性在游戏中得以充分地体现。基本技能图示是专门针对幼儿的建构技能绘制的图示,能够帮助幼儿快速提升基本的建构技能。比如,针对围合、平铺、架空等技能,教师可以运用简笔画的方式绘制图示(见图1-5-10),也可以在自己建构后拍摄照片展示(见图1-5-11),还可以利用墙面呈现,或者利用各种各样的移动式支架呈现。

图 1-5-10

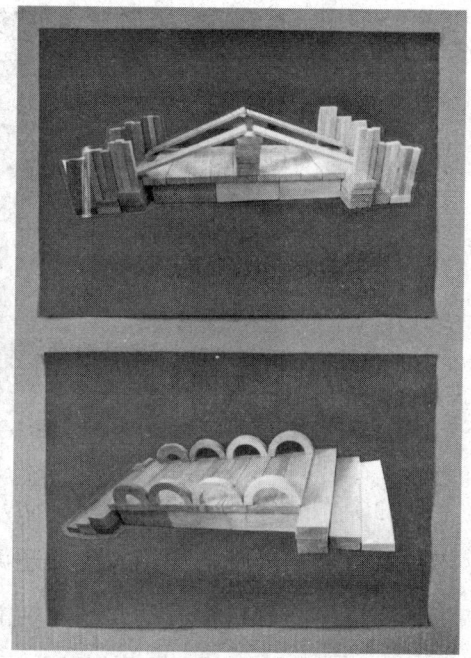

图 1-5-11

（2）分步拆解图示"破"幼儿建构难点。当幼儿有目的地独立地模仿建构某一物体时，受到三维空间能力及视觉盲区的限制，往往会出现建构的难点。比如，幼儿想要利用乐高玩具搭个小人，虽然所需的材料数量不多，但单根据图片搭建是有困难的。如果有建构小人的步骤图，幼儿就能按图示一步步进行建构，解决建构的难点。建构材料分解图示（见图 1-5-12）明确了建构作品所需要的材料式样、数量等，从而突破了建构的难点问题，大大提高了幼儿的建构成功率。

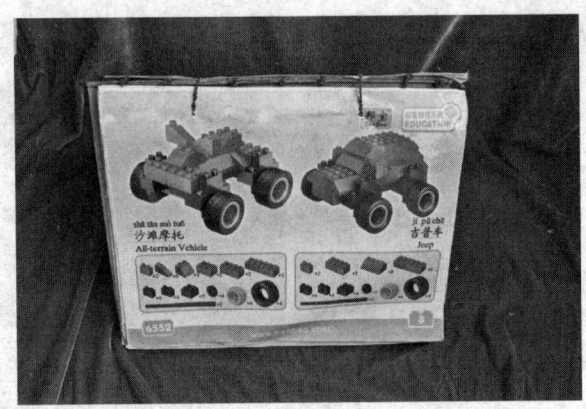

图 1-5-12

（3）作品分析和评价"助"幼儿建构能力提升。展示区的建构作品不仅具有展示激励的作用，教师还可以借助幼儿的建构作品进行作品分析，通过作品分析提升幼儿的建构能力。教师在进行作品分析时既要横向关注幼儿同一主题不同表征的比较，比如很多小朋友建构椅子，但每个孩子建构的椅子各不相同，教师就可以引导幼儿观察椅子的不同表征；同时，也要纵向关注一个主题建构的过程，比如大班幼儿建构公园，从第一次游戏到最后一次游戏，是怎么一次次丰富公园的主题的，期间遇到了哪些困难，是如何调整的，等等。这样的作品分析，不仅能够发展幼儿的建构技能，还能提升幼儿的社会性发展水平和游戏计划能力。

（四）建构游戏环境规划的思考

建构游戏环境规划既要考虑到各种环境的提供，又要考虑环境与条件中各因素的关系，以最大限度地发挥环境与条件的整体效能。

1. 幼儿是环境创设的积极参与者

幼儿是游戏的主体，应该成为创设支持性环境的参与者。比如，模仿建构的著名建筑物可以来自幼儿假期旅行时的照片；桥梁、城市图，可以由孩子和家长共同收集；孩子设计的图纸也可以展示和张贴。积极引导幼儿参与支持性环境的创设，不仅能给幼儿提供参与活动的机会，而且能在幼儿与环境、幼儿与教师之间架起互动的桥梁。

2. 环境要随游戏进程不断调整

建构区的环境可根据学期建构游戏计划做一些预先的创设。不过，教师要敏锐观察游戏环境和幼儿游戏之间的互动，要根据幼儿游戏的内容、需要、问题等及时地加以补充和完善。

3. 利用移动支架解决游戏空间不足

一般城市幼儿园的建构区空间都不是很大，墙面及空间很难满足支持性环境创设的需要，教师可多利用折叠、移动的支架解决空间不足的问题。

4. 开展建构游戏环境创设整体评价

园方可将"幼儿园建构游戏环境规划评价"列入园所教养管理的内容，以促进教师增强建构游戏环境创设的目的性和针对性，提高他们环境育人的意识和技能水平。

六、幼儿园建构游戏的内容来源

建构游戏的本质就是儿童借其所建构的物体表达自己对世界的认识和感受，幼儿园建构游戏的内容皆由幼儿的生活经验生发而来。

（一）不同年龄段幼儿的建构游戏特点

小班幼儿的建构活动缺乏明确的目的性和意向性，游戏的形式往往是独自游戏和平行游戏，游戏中对搭建的动作、搭建的过程比较感兴趣。同时，小班幼儿受生活经验和认知能力所限，建构的内容通常是他们日常生活中经常接触的、熟悉的物品。在游戏的表征上，他们一般是将非常熟悉的经验转化成头脑中的表象，然后用材料较为清晰地表现其形态。因此，小班幼儿搭建的内容通常表现出结构简单、主题单一的特点。该阶段的幼儿逐渐能表现一定的自然认知经验，如大树、小花、太阳等，以及社会认知经验，如就餐用的桌椅、睡觉用的小床、造型简单的跷跷板、电视机、玩具柜、马路、公交车、飞机、房子等。

中班幼儿已具备一定的建构技能和经验，手部小肌肉动作控制能力逐渐加强，思维、想象、空间感知等能力也逐步发展。中班后期，他们逐渐可达到协作游戏或联合游戏的水平。同时，与小班幼儿相比，中班幼儿的生活经验更丰富，视野更开阔。因此，中班幼儿建构的内容从自然认知经验看，有可爱的小动物等；从社会认知经验看，有单一主题的建筑物（如塔、桥、高楼、各式房子、迷宫、街道等）以及机器人、滑梯、较复杂的交通工具等。

大班幼儿的精细动作日趋成熟，已有良好的肌肉控制能力。他们的建构活动目的性强，坚持性良好。他们的空间感知、想象、创造、思维能力得到快速发展。这个阶段的孩子已具备合作游戏的水平。同时，大班幼儿的生活经验进一步拓展，他们甚至可以通过前阅读的方式认识离自己的生活相对遥远的世界。因此，大班幼儿建构的内容更为复杂、开放，如美丽的公园、各国特色建筑（如长城、埃菲尔铁塔等）、游乐场、地铁、大型船舰、汽车城等。

（二）为不同年龄段幼儿的建构游戏内容提供指导

如何明晰建构游戏的内容呢？笔者认为，可依据幼儿的不同年龄特点，依据不同的游戏展开特点（自由建构、模仿建构、主题建构），从预设内容和生成内容两个路径入手。所谓预设内容，指教师预先设计好建构的内容，并以自然的、适宜的方式传递给儿童。所谓生成内容，指教师"倾听"幼儿当前的兴趣和当前的对话，鼓励并支持幼儿表现自己的认知和想法。

小班阶段的幼儿多表现出自由建构的游戏特点，即建构游戏目的不明确，建构内容拓展不开。教师就可采取"平行示范"或"情境演绎"

等方法引导幼儿进行建构。比如,当幼儿长时间在原有经验上打转时,教师可适时地在旁边搭建适宜小班幼儿的"小房子""小飞机"等建构主题,从而充实幼儿的游戏内容。当然,这种"平行示范"也可以图片支架的形式呈现给幼儿。"情境演绎"则指教师预先将适合小班幼儿表现的内容和技能引入游戏情境,引导幼儿进行建构。比如,设计游戏情境"三只小猪造房子",引导幼儿建构样式不一的小房子。"平行示范"和"情境演绎"在本质上都是教师预设的游戏内容。

中班阶段的幼儿对模仿建构表现出极大的兴趣。教师可提供适合该阶段幼儿搭建的图册供他们自主选择,同时应注意倾听幼儿当前的兴趣和需要,并及时支持他们的想法。比如,某位教师了解到一名幼儿对园内新增添的滑滑梯玩具十分感兴趣,就引导该幼儿多次观察滑滑梯的造型,和他一起讨论用哪些积木来搭建、需要搭多大等,在教师的帮助下,滑滑梯搭建好了,同时引发了班级其他幼儿的兴趣。这时,教师就请第一个搭建滑滑梯的孩子做"小老师"来帮助其他孩子。就这样,滑滑梯搭建活动在班级里流行开了。

大班阶段的幼儿对小组合作式搭建非常着迷。教师可提供富有挑战性的内容,如关于各国富有特色的建筑物的书籍、图片,鼓励幼儿进行挑战;也可以给幼儿充分的时间讨论他们最想表现的是什么主题,并为他们后续的建构提供支持。比如,两名幼儿商量后想搭建游乐场,并画了一张游乐场的图纸,上面有过山车等各种游乐设施,还有食品店和休闲中心。教师就把他们俩设计的图纸介绍给大家,请他们说说自己的想法,同时帮助他们征集小组成员并进一步丰富图纸内容,于是,新的建构内容"游乐场"就出来了。

总而言之,就幼儿园建构游戏内容来源来看,教师应在充分尊重幼儿的年龄特点、游戏特点的基础上,从预设和生成两条路径着手,不断丰富幼儿的经验,不断提升幼儿的游戏质量。

七、幼儿园建构游戏的组织

幼儿园开展的建构游戏按所在的游戏空间不同，可分为三种类型：户外大型建构游戏、工作坊建构游戏以及班级建构区游戏。每一类建构游戏开展的时间、场地安排、单次时间、每周安排次数以及参与的幼儿可参考表 5。

表 5 各类建构游戏的组织

类型	开展时间	场地	单次时间	每周次数	参与幼儿
户外大型建构游戏	每周二、五的上午	幼儿园大操场	45 分钟	2 次	中大班幼儿
工作坊建构游戏	每周一、四的下午	专用教室	45 分钟	2 次	中大班幼儿
班级建构区游戏	班级区域游戏时间	班级教室	30～40 分钟	3 次及以上	全园幼儿

（一）教师组织程序图

教师组织程序图如下：

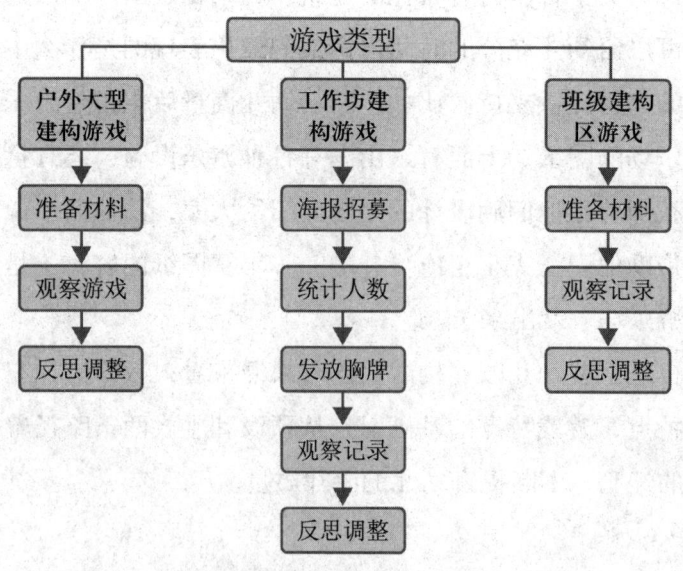

小贴士

海报招募（见图1-7-1）结束后，每位工作坊负责教师将海报收回并统计报名人数，然后将自己所负责工作坊的胸牌发放给各班班主任。班主任把胸牌统一放置在教室的某个地方，每次活动开始前，幼儿去取自己所报名工作坊的胸牌，戴上后就可以去工作坊进行游戏了（见图1-7-2）。

图1-7-1

图1-7-2

（二）幼儿游戏程序图

幼儿游戏程序图如下：

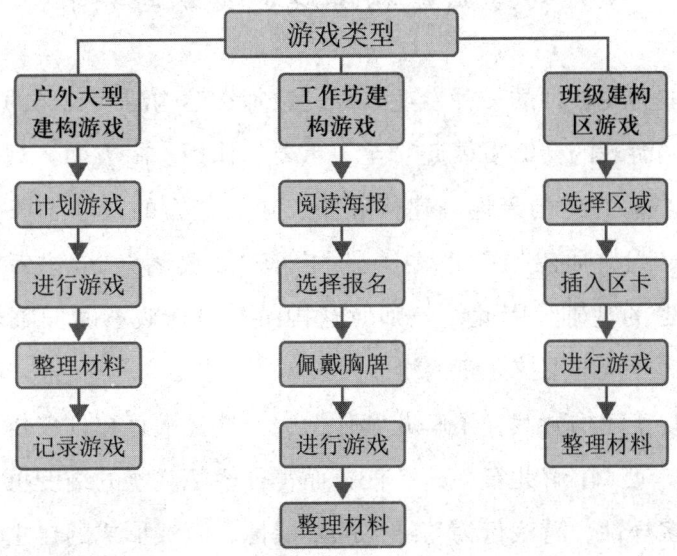

小贴士

每个幼儿都有一本属于自己的游戏记录册。教师事先将户外大型建构游戏、工作坊建构游戏和班级建构区游戏的每一项游戏内容都填写在其中。每次活动前,幼儿可先制订游戏计划——去哪里玩以及和谁一起玩,并记录在册子上。比如,幼儿要去玩户外建构游戏,那么就要翻到游戏记录册里的"户外大型建构游戏"这一页,在下面的表格的最上格里填上当天日期以及一起玩的同伴学号。能力弱的孩子用符号记录即可。

为中班幼儿设计的游记录册还可增添部分栏目,如"今天搭了什么""游戏时的心情"等;大班幼儿的游戏记录册可在此基础上增添诸如"用了什么材料和工具""有没有碰到困难""是怎么解决的"等栏目。这类记录内容不仅有助于保留幼儿真实的游戏轨迹,成为幼儿游戏后进行自我对话的良好途径,还有助于提升幼儿的游戏水平,帮助教师持续、深入地了解幼儿的游戏状况。

八、幼儿园建构游戏的观察与分析

观察能力是教师的一种专业素养,教师在建构游戏现场的观察对推动幼儿建构游戏的持续发展起着至关重要的作用。一方面,观察是教师了解幼儿当前的建构兴趣、建构经验、建构能力的最佳手段;另一方面,观察又为教师在儿童游戏中适时扮演"支持者""促进者"的角色提供了思考的基础。因此,教师对建构游戏进行观察时面临着两大任务,即了解儿童与支持儿童的游戏发展。

通过观察建构游戏,了解儿童什么呢?这是横亘在许多年轻教师心中的问题。就"了解儿童"这一任务而言,教师观察的维度可设置为游戏内容的多样性、游戏行为与结果的发展性、游戏形式的自主性这三个

方面。就观察推动建构游戏发展而言，教师主要看游戏中幼儿遇到了什么困难，从而提供适宜的支持。

（一）通过观察了解儿童

建构游戏中，教师以"旁观者"的角度，对正在游戏的儿童进行观察，有助于获取较为真实、客观的信息。

1.观察游戏内容的多样性

游戏内容的多样性，是指幼儿运用材料在何种程度上反映了客观现实或游戏假想。

首先，多样性体现在幼儿运用材料进行建构的过程中。比如，幼儿建构的内容是不断地丰富着还是一味地重复着？其次，体现在利用建构作品开展游戏方面。比如，幼儿是沉浸其中，不断演绎着游戏情节；还是无动于衷，仅将其看作任务的结束？

对幼儿建构游戏内容多样性的观察，实质上隐含着对幼儿游戏水平的观察。

2.观察游戏行为与结果的发展性

（1）了解儿童的建构能力发展。观察儿童的建构能力，主要是看游戏现场儿童的操作行为和操作结果。儿童的操作行为能反映当前儿童的建构能力，包含基本建构技能和造型能力。在基本建构技能观察中，教师可以从儿童的操作中看其是否出现了新的建构技能，比如某个儿童的原有经验是会平铺、延长，但在当天的活动中他习得了架空，即可看到这名儿童拥有了新的建构经验；又如某个儿童在以往的建构活动中镶嵌时需要成人帮助，但在当天的活动中自己独立完成等。教师还可从儿童的作品中观察其造型能力，比如儿童是怎样处理建筑物突起的角的，选用了何种形状的材料，是否基本表征了建构对象的外形特点等。

（2）了解儿童的多元智能发展。儿童的建构游戏现场还为教师了解儿童的多元智能发展提供了很好的观察载体。多元智能包含语言智能、数理逻辑智能、空间智能、身体运动智能、艺术智能、人际智能等。

如果想要了解建构游戏中儿童的语言智能发展，教师可以观察：
- 儿童在运用语言表达时都用了怎样的词汇。
- 他使用语言的目的是表达需求还是分享愉悦抑或表示不满。
- 他在使用语言时是流畅的还是小心翼翼的。

如果想要了解建构游戏中儿童的数理逻辑智能发展，教师可以观察：
- 儿童能否对不同形状的积木作区分。
- 在长方形积木不够的时候，他能否用两块三角形积木作转化。
- 他能否在游戏前或游戏中预估自己需要多少材料。
- 他能否用一个二倍体单元积木连接两块垂直积木。

如果想要了解建构游戏中儿童的空间智能发展，教师可以观察：
- 儿童能否认识到两个桥墩之间的空间足以让小船通过。
- 他能否按照预先设计的平面图进行有意图的搭建。
- 他能否准确地理解上下、前后、左右的空间关系。

如果想要了解建构游戏中儿童的身体运动智能发展，教师可以观察：
- 儿童是否能熟练地搬运大型积木并保持身体平衡。
- 他是否能精准地搭建建筑物的细节并使建筑物保持平稳。
- 当搭建对象达到一定的高度时，他能否控制着继续往上叠加。

如果想要了解建构游戏中儿童的艺术智能发展，教师可以观察：
- 儿童是否能获取表现对象的外在形态并加以表现。
- 他是否运用了对称、模式排列等艺术手段。
- 他搭建的作品的整体美感和均衡感如何。

如果想要了解建构游戏中儿童的人际智能发展,教师可以观察:
- 儿童在游戏中能否倾听和尊重他人的意见。
- 他遇到问题时能否尝试和他人共同协商解决。
- 他是主动地还是被动地和他人分享成果。
- 他是否能自发地提出规则,以保护自己或他人的作品。
- 他能否适当地做出必要的妥协。
- 他是否乐意参与小组讨论、乐意参与合作性的游戏。

3. 观察游戏形式的自主性

要想了解儿童建构游戏的自主性,教师可以从以下方面观察:
- 儿童是否能自主地选择材料、使用材料。
- 他是否能自主决定所要建构的对象。
- 他是否能主动察觉到游戏中遇到的困难并尝试解决。
- 中大班的幼儿是否能计划自己的建构行为。

(二)通过观察推动游戏

除了对儿童在游戏现场的发展现状进行观察外,教师还应观察在游戏的进程中儿童遇到的问题。当游戏情境中出现问题时,教师首先应考量儿童是否具备自主解决的意识和能力。如果具备,应尽量采取"不干预"的原则让幼儿继续游戏。然而有的时候,幼儿所遇到的问题是需要成人给予支持的,这时候教师就要试着对关注的问题进行思考,并调动自身的经验进行间接指导(具体做法,请参看下节内容)。

在这里,介绍几种观察图表供大家参考。

1. 清单式观察用表

清单式观察用表操作简单,容易上手——只对儿童在建构游戏中的某几个方面做出评价,评价的方式是在表格中打"√",适宜有1～3年工作经验的教师使用(见表6)。

表6 ××幼儿园××学年××学期幼儿建构游戏观察表

观察对象		观察时间		记录者	
观察项目	观察指标			观察记录	评价说明
游戏兴趣	建构目标不明确，只对材料感兴趣，不能坚持多久				
	比较专注，对建构活动较感兴趣，能根据图片或者实物较认真建构				
	建构目标明确，游戏时专注、坚持，能根据作品的形态特征在头脑中建构搭建的过程和结果				
动作技能水平	建构作品体积小、简单、平面化，喜欢重复搭建				
	作品缺少装饰，形象不是特别逼真，缺少固定支撑，建构作品缺少搭建技巧的运用				
	建构技巧多样，作品形态逼真、美观，结构牢固，有较多的细节装饰				
社会性水平	无法与同伴合作，时有冲突与矛盾				
	有合作、交往的意向，比较被动，同伴关系融洽				
	能主动与同伴讨论分工和合作，一起解决在搭建过程中不断出现的问题				
创造力水平	机械地操作摆弄材料，无任务意识				
	能根据图示，较灵活地运用材料开展活动				
	不仅能根据图示充分利用各种材料进行活动，而且能创造性地运用活动材料				

2. 逸事式观察用表

逸事式观察用表不规定具体的观察维度，而是通过教师的独到观察，记录有价值的建构游戏片段或事件。因为对片段或事件价值性的思考需要一定的教育经验支撑，故本表适宜有3年以上工作经验的教师使用（见表7）。

表7 ××幼儿园××学年××学期幼儿建构游戏观察表

班　级		教　师		日　期	
我看到的					
我想到的					
我后续想做的					

3. 轨迹式观察用图

轨迹式观察主要记录幼儿在游戏过程中的典型语言和典型行为，能够较全景式地记录游戏过程及教师的相关指导，但记录过程要求教师有高度的专注度和敏感性，因此，此图适宜研究型的教师使用（见下图）。

当然，教师最终采用何种观察图表，还要依据不同的观察目的有的放矢地加以选择，更有部分优秀教师会结合自身的教育经验，创造性地设计、使用图表。

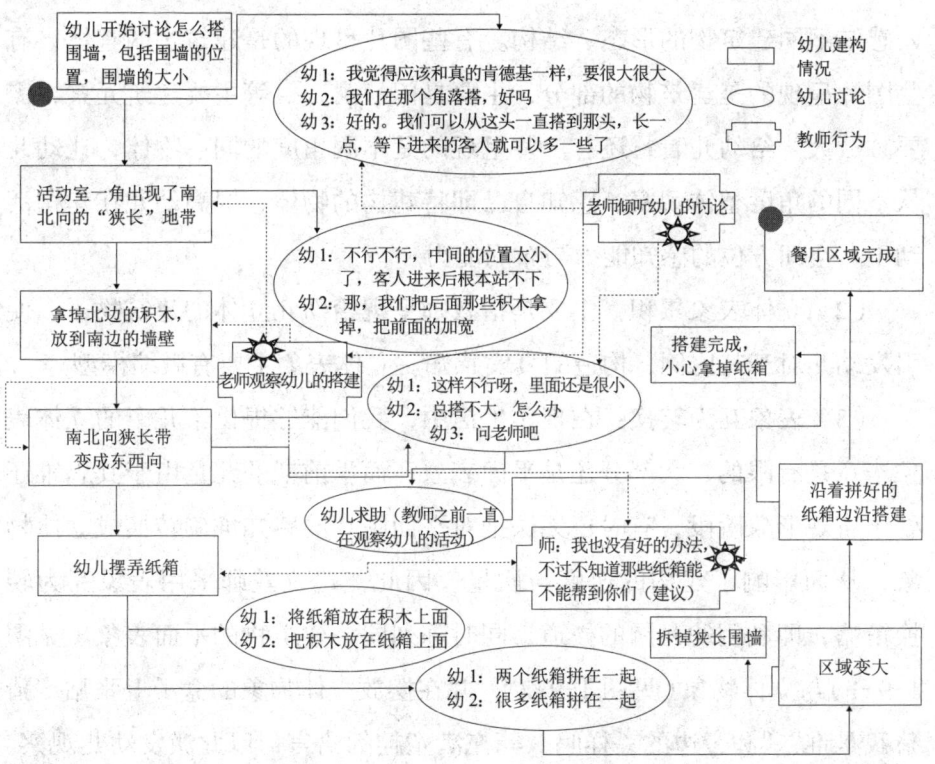

九、幼儿园建构游戏的指导策略

如以游戏进程来做区分,教师的指导可贯穿在建构游戏前(准备阶段)、建构游戏中(过程阶段)、建构游戏后(整理阶段)。

(一)准备阶段

在建构游戏开始前的准备阶段,教师可采取以下指导策略。

1. 表象累积策略

建构游戏开始前,教师应有目的地引导幼儿对建构物体进行观察、发现、比较,包括对建构物体的比例、结构、空间位置的感知与理解,从而帮助幼儿储备丰富的表象,提高其建构水平。

(1)平面表象累积:主要是指教师通过运用平面图片的方式引导幼儿感知不同建筑物的形态、结构。有些图片呈现的是建筑物的整体;有些图片呈现的是建筑物的部分,主要是门、窗、拱等主要建筑元素,需要"放大"给幼儿看;还有一些呈现的是不同角度的同一物体,让幼儿从不同的角度整体观察、感知自己即将建构的物体,提高幼儿在建构活动中对空间方位的感知能力与布局能力。

(2)立体表象累积:主要是指教师呈现给幼儿立体的建筑物,以便引发幼儿对其比例、构造的真实感知。立体表象主要有微缩模型等。

(3)表象互为转换:在现实生活中,我们能够提供给儿童的立体表象毕竟是有限的,大部分还是平面表象。而学前期的儿童由于其思维还处于直观形象阶段,有时还无法把对平面图片的感知准确转换成立体物象,从而影响了建构的速度与质量。因此,建议教师采用表象互为转换策略,即利用幼儿园的楼道,同时陈列同一建筑物的平面表象(见图1-9-1)与立体物象(见图1-9-2),并在摆放立体物象的盒子上张贴"猜猜我是谁""和旁边的一样吗"等充满童趣的语言,以此激发幼儿观察、比较、思考的兴趣，尝试在平面图形与立体物象间建立联系的通道，并将这种经验迁移运用到更多的对平面图片的识别与转化上面。

图 1-9-1　　　　　　　　　　　图 1-9-2

2. 技能预备策略

建构游戏与其他游戏最不同的显著特征之一是需要技能的支撑。教师需要通过科学的、适宜的途径"给予"幼儿一定的建构技能。根据前人对于建构游戏的研究，学前阶段的幼儿需要掌握的主要建构技能有平铺、叠高、架空、围合、盖顶、交叉、转向等。针对这几种最为基本的建构技能，教师可以设计一些好玩的游戏，将技能巧妙地隐含于游戏情境，让幼儿在不着痕迹的游戏中习得这些建构技能。比如"给兔奶奶铺路"游戏中隐含了平铺的技能，"小猪造房子"游戏中隐含了围合的技能（见图 1-9-3），"小鲤鱼跳龙门"游戏中则隐含了架空的技能（见图 1-9-4）。

图 1-9-3　　　　　　　　　图 1-9-4

（二）过程阶段

在建构游戏开展过程中，教师可以采取以下指导策略。

1. 结构转换策略

学前期儿童的空间认知水平相对较低，当知觉的对象纷繁复杂，结构过于庞大的时候，他们在用积木建构其特征时往往无从下手。

以"我的小学"积木建构游戏为例，幼儿在教师的带领下，兴致勃勃地参观了小学，可在用积木建构学校的时候遇到了困难。以下是幼儿的困惑。

幼1：学校这么大，我都不知道该从哪里搭起。

幼2：刚才参观的时候，转来转去我都晕了，连有几间教室都不知道。

幼3：我看到学校的楼都是连在一起的，我不知道怎么转弯。

针对上述状况，教师及时采用了结构转换策略。该策略共分两步：首先，教师和幼儿共同回忆参观的路径以及参观的内容，然后教师引导幼儿用平面图的方式表现学校总的建筑特征（见图1-9-5）；其次，参照平面图，将学校宽阔、复杂的空间结构进行转换——让幼儿用牛奶盒、牙膏盒等废旧物品在木板上制作出小学的模型（类似于房地产公司的楼盘模型），降低了表征的难度（见图1-9-6）。最终，幼儿顺利完成了小学的建构（见图1-9-7）。

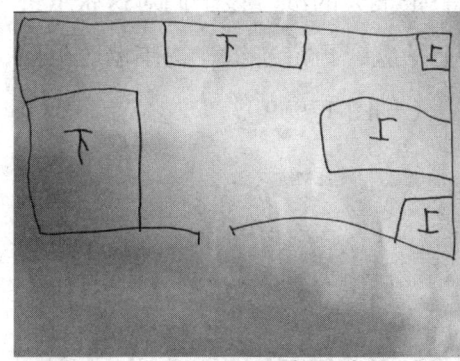

图 1-9-5

图 1-9-6

图 1-9-7

运用结构转换策略，教师有效地降低了建构的难度，为幼儿的表征搭建了梯度台阶。这种策略适用于表现构造庞大、复杂的对象。

2. 材料支架策略

支架即鹰架，来源于苏联心理学家维果茨基的"最近发展区"理论，即当幼儿现有的经验或者水平无法解决当前的问题时，教师给予一定的提示和引导，帮助幼儿顺利解决，提升幼儿的能力。

比如，在中班的建构游戏"肯德基"中，幼儿预期的目标是搭建可以容纳十多个人同时用餐的餐厅，但由于中班幼儿对空间距离没有概念，加之缺乏准确的预估能力，所以，搭建出来的餐厅总是太小。教师没有直接给予指导，而是提供给幼儿一张很大的纸。孩子们对这张纸进行了折叠，直至十来个孩子均能在纸上站立，再沿着纸建构围墙（见图1-9-8），等墙全部围合之后，将纸撤走（见图1-9-9）。

图 1-9-8

图 1-9-9

3.试误策略

试误即尝试错误，最初是由美国心理学家桑代克提出来的。在建构游戏中，试误策略是指让儿童充分地尝试一些错误的动作，随着不断地尝试，错误动作逐渐减少，成功动作不断增多，直至最后完全获得成功。

在引导幼儿进行建构游戏的过程中，教师可以充分运用这一原则，适度等待，给幼儿学习的空间，尝试让幼儿独立面对问题、解决问题。

比如，在搭建"我的小学"时，幼儿已经用空心大积木搭了长长的平行的四列作为两间教室的墙壁，然后他们尝试用长条的积木封顶。在封顶时，幼儿发现两列积木之间的距离已经超过了用于封顶的长条积木的长度。于是，一名幼儿经过目测后，将其中的一列积木往里推了推，这两列积木就可以封顶了。之后，他又拿了一块长条形积木想封隔壁教室的顶。可是，因为其中一列积木已经移动，这两列积木的距离又变长了，他将原来已经封顶的一列积木又往回推，这时，已经封顶的长条积木掉到了地上，并且把"墙壁"也砸坏了。这个幼儿又把墙壁搭起来继续实验，经过多次的探索，他明白了要"兼顾两边"的道理。最后，他用长条积木将所有相邻的两列积木的空间距离全部丈量一番，调整好所有相邻位置积木的距离，一次成功。

这个案例说明：如果教师觉得幼儿可以通过不断的尝试最终找到解决问题的办法，那么，即使这个过程需要花费很长的时间，教师也应该耐心等待幼儿经过多次的试误，最终取得成功。

4. 干扰排除策略

什么是干扰排除策略？就是在活动中尽可能地排除与活动主题不相关或者可能影响活动的因素，让幼儿在游戏中目标明确，专注地探索与主题一致的搭建行为。

下文试图以两种不同的教师指导方式体现该策略在活动中的应用。案例一中，教师没有排除无关干扰，因而得到的是不理想的建构效果；案例二则为教师有效控制无关干扰后得到的游戏效果。

在学习技能——围合的游戏过程中，教师用"小猪造房子"的游戏引导幼儿进行家的搭建来实现预设目标。案例一中，中一班的幼儿由于只关注运用各种材料为房子造型，导致建构的房子都是平面的（见图1-9-10），也无法获取更多的围合经验。分析原因是该班幼儿受前次活动的前摄干扰，兴趣点依然在搭建房子上。案例二中，中二班的幼儿由于受到教师的潜在影响，即搭建前教师的语言暗示——"等下看看你的家可以让几只小猪来做客哦"，他们开始探索用各种积木搭建家，有用圆柱形积木围成的家（见图1-9-11），有用条形积木围成的家，还有用小方块加三角形围合的家，家的造型和积木的运用也丰富了起来。

这个对比表明：对于小年龄的孩子，教师适时地排除无关干扰，澄清建构主题，能够增强幼儿的表征能力。

图 1-9-10

图 1-9-11

5. 异向思维策略

异向思维，是指从多个不同方向、角度思考问题的思维方式，常见的有逆向思维等。在积木游戏中运用异向思维策略，能帮助幼儿扩展思维，鼓励他们从不同的角度思考问题，尝试运用多种方法解决搭建困难。

比如，在"小猪造房子"的建构游戏中，一名幼儿把小方块积木窄的一面对齐进行叠高（见图 1-9-12），可是由于受力面积小，到一定高度就倒了。后来他采用同样的方式在旁边加固一排，结果仍然一样。此时，教师引导该幼儿观察积木的"面"，并让他试试各个面的叠高。最终，这名幼儿找到了稳固的叠高方法——用积木宽的面进行叠加（见图 1-9-13）。

图 1-9-12

图 1-9-13

叠高是一种技能，幼儿在探索尝试这种技能的过程中不断地和现有经验发生矛盾。上述案例中幼儿用积木竖着叠高，遇到了困难，这时教师找准时机介入游戏，运用异向思维法引导幼儿改变当前的思维定式，帮助幼儿获得新的叠高经验。

6. 情境体验策略

情境体验，是指在一定的情境模式中体验，让幼儿在体验中产生共鸣，激发幼儿的兴趣和求知欲。需要说明的是，这里的情境体验，更侧重于教师利用游戏情境，借助一定的道具，揭示幼儿在搭建过程中存在的矛盾，并激发幼儿后续建构行为的指导策略。

比如，在"家乡的桥"建构游戏中，幼儿搭的桥墩间距非常小。教师看到后并没有立即指出来，而是手持纸船和幼儿玩小船过桥的游戏（见图1-9-14）。结果，幼儿马上发现了问题：桥墩间距小且高度不够，小船无法过桥。于是，他们立即改变建构方法，并不时地拿小船试一试，直到小船能通过为止。

图 1-9-14

7. 平行示范策略

平行示范，是指教师在空间距离上接近幼儿，并用与幼儿相同的材料从事同样的活动，但是不与幼儿直接进行言行交往，不直接介入幼儿的活动，而是利用自身行为的榜样示范作用，通过暗示的方式对幼儿的搭建活动进行指导。

比如，在"鲤鱼跳龙门"建构游戏中，教师发现幼儿的建构作品几乎都一模一样（见图1-9-15）。于是，教师也拿了积木搭起来，并且搭了好几种不同形状的门。这时有几个幼儿注意到老师的搭建，悄悄地模仿起来。最后，积木区终于呈现了风格不同的门（见图1-9-16）。

图1-9-15

图1-9-16

当幼儿在建构中遇到困难时，或者当幼儿的搭建技能在原地踏步没有提升时，教师可以使用平行示范策略帮助幼儿获得成功，并在新的技巧上有所突破。

8.多媒体演绎策略

多媒体技术形象生动、动态逼真、声音优美的动态呈现方式，符合学前儿童直观形象的思维特点。因此，在幼儿的建构游戏中运用多媒体演绎策略有时能起到意想不到的效果。

使用多媒体技术，教师能灵活多变地把建筑物进行分解、组合，逐一攻破搭建的难点。本来建构起来难度较高的建筑物，经过多媒体技术的呈现，变得不再困难。比如大班的建构游戏"天封塔"，因塔的外形是幼儿不太熟悉的六边体构造，因此幼儿无法用惯常的正方体、长方体或圆柱造型去表现。此时，教师利用计算机图片，勾勒出六边体轮廓，并做了"闪烁"的效果处理,帮助幼儿建构了六边体的轮廓经验。同时,因为原图中飞檐呈现的比例较小,部分未亲临过天封塔的幼儿无法感知,教师就运用"放大"图效,帮助幼儿获取了飞檐形态最适宜用四分之一哥特拱来表现的经验,进而帮助他们体验到挑战的乐趣(见图1-9-17)。

在建筑物内外部结构复杂,一些细节建构具有挑战性的状况下,教师可以使用此策略。

图1-9-17 搭建天封塔

(三)整理阶段

在建构游戏结束后的整理阶段,教师可以使用以下策略。

1. 标记匹配策略

积木作为建构材料,其自身所具有的特征同样蕴含了学习的因素,比如形状、大小、粗细等的不同都可以供幼儿观察;而将相同积木按一定位置分开摆放,又蕴含了分类的原理。因此,教师可以利用积木这一独特的形态,使用标记匹配策略,发展幼儿的观察、比较、分类能力。

考虑到不同年龄阶段的幼儿其形状知觉能力的差异,教师应分别对三个不同年龄段的幼儿提出不同的要求(见表8)。

表8 幼儿积木整理指导表

年龄	整理方式	图示
小班	实物对应摆放法	
中班	等比图例对应法	
大班	缩比图例对应法	

（1）小班：实物对应摆放法。在每一个箩筐里，有教师事先摆放好的积木样品，幼儿只需将同类积木放置到与样品匹配的箩筐即可。

（2）中班：等比图例对应法。考虑到一套积木中有大小不等的同质图形系列，比如有四种粗细不等的圆柱，对于中班幼儿来说分类摆放有困难，因为他们较难区分粗细差异不大的圆柱。因此教师可以按照1∶1的比例将立体的圆柱转换成平面符号，引导幼儿一一对应摆放。当幼儿确定不了放于何处时，可以将手中积木的某个面和图例重叠，看是否匹配。

（3）大班：缩比图例对应法。这里的缩比图例，是指在等比图例的基础上，教师按一定的比例缩小原图所得到的图例。幼儿通过观察图例，判断积木的归置位置。

从实物对应到等比图例再到缩比图例,既充分尊重了幼儿的空间、形状知觉能力的发展规律,又向幼儿提出了一定的挑战,使得标志匹配策略不仅成为幼儿整理积木的助推器,更发展了幼儿多方面的知觉能力。

2. 交互评价策略

交互指的是集合中各元素之间的联系不是单向孤立的,而是交叉、多元的。交互评价应用了上述概念,集幼儿自评、同伴互评、家长共评为一体,帮助幼儿收集多个评价渠道的信息,以完善自己的作品。

针对不同年龄段幼儿的发展水平和自我评价能力,教师可以设计三张不同的评价表:小班幼儿的评价表重在引导幼儿反思在教师的帮助和自我努力下,是否能情绪愉快地进行建构活动。针对小班幼儿的思维具体形象化特点,可以采用符号评价法,即"我很棒"用笑脸贴纸表示,"要加油"用拳头贴纸表示等,这样简化式的评价利于幼儿操作(见表9)。

中大班的幼儿随着观察能力、思考能力的提高,能够更具体地对自我和他人做出评价,因而在评价项目上做了进一步细化,同时增添了同伴互评(见表10、表11)。

表9 小班幼儿建构活动自评表

幼儿姓名	评价项目	自我评价	家长评价
	我很快乐		

(说明:☺代表"我很棒",✊代表"加油")

表10 中班幼儿建构活动评价表

幼儿姓名	评价项目	自我评价	同伴评价	家长评价
	我很快乐			
	我的作品			

表 11　大班幼儿建构活动评价表

幼儿姓名	评价项目	自我评价	同伴评价	家长评价
	我很快乐			
	我的创意			
	我会合作			

十、幼儿园建构游戏评价

建构活动中客观有效的评价，不仅对幼儿建构活动内容的深入开展以及建构水平的提高起着至关重要的作用，还能促进幼儿良好情感和行为习惯的养成。

环境和材料是建构游戏开展的基础和必要条件；幼儿是活动的主体；教师在活动中对幼儿起着引导的作用，教师对幼儿的评价将直接影响幼儿的建构活动，因此建构游戏的评价可以指向环境、教师、幼儿三个方面。

（一）指向环境的评价

承前所述，环境主要包含物质环境、社会/情感环境、认知/操作环境三个方面。

1. 指向物质环境的评价

物质环境主要包括环境创设和材料投放两个方面。

环境创设是幼儿建构游戏中重要的因素，为幼儿的建构提供条件。物质环境创设的内容主要包括空间布局和墙面布置。空间的布局、大小将直接影响幼儿的搭建。墙面环境作为隐性教育手段，具有引导幼儿自我学习的作用。它可以给予幼儿一些感知具象的内容，帮助幼儿通过感知获得表象，进而进行再造想象，发展知觉和象征能力。

在建构游戏中，材料起着举足轻重的作用，幼儿是在与材料的互动中开展游戏的，因此合理投放和科学摆放材料才能让幼儿有效学习、持续发展。

对环境的评价能促进教育者根据一定的要求，结合自身班级实际和幼儿的建构需要，规划并打造适宜、有效的建构环境。

2. 指向社会/情感环境的评价

情感是人对客观事物是否满足自己的需要产生的态度体验，社会/情感环境则指根据人的情绪体验需要而创设的环境。建构区中社会/情感环境的创设主要包含建立良好的游戏常规以及积极引发幼儿的游戏兴趣。

游戏常规是幼儿顺利进行游戏活动、实现游戏性体验的前提。在建构游戏中，通过对游戏常规的评价，可以帮助幼儿在游戏时逐渐形成明确、统一的规则意识，使幼儿在游戏中获得发展，提高建构游戏的品质，最终帮助他们养成终身受益的游戏和学习习惯。

兴趣是幼儿探究某种事物或从事某种活动的心理倾向，它是推动幼儿认识建构游戏的重要动机，浓厚的游戏兴趣有助于建构游戏的持续开展。

对社会/情感环境的评价使得教师不仅关注建构游戏的物质环境创设，更要关注儿童在游戏中所获得的社会/情感经验。

3. 指向认知/操作环境的评价

认知/操作环境，是指能促进幼儿认知经验发展和动手操作的环境。建构区的认知/操作环境的主要作用是丰富幼儿的游戏经验，提升幼儿的游戏能力。

建构游戏往往依赖一定的建构技能，幼儿只有掌握必需的建构知识和技能，才能在游戏中得以充分地体现自己的创造性和主动性。因此，教师提供的认知/操作环境是否合适，会影响幼儿对技能的掌握和对建构作品的创作。

在建构游戏中，幼儿建构的物体的形态或直接或间接地来源于现实生活，所以建构游戏中的认知/操作环境还要关注幼儿相关建构经验的拓展，丰富幼儿对生活中物体的认知。

具体评价维度见表12。

表12 幼儿园建构游戏环境评价表

项目	一级评价指标	二级评价指标	评定等级 ★★★	★★	★
物质环境	资源配置	人均面积	游戏空间密度适宜，确保游戏不被干扰和安全； 按《浙江省幼儿园等级评定标准》规定，室内人均面积不少于2平方米，室外人均面积不少于4平方米； 建构材料形态越大，建构空间越大		
		班级建构区	以小型建构材料为主； 平整的地面、地毯、地垫，可随需要拓展空间		
		积木工作坊	以中型建构材料为主； 平整的地面，最好铺设硬质地板； 软木或者隔音墙，以方便张贴图片		
		户外建构区	以大型建构材料为主，如轻质砖、PVC管、纸箱、啤酒桶等； 地面平整，塑胶、水泥地均可		
		材料区	根据材料的特点选择适合的整理筐进行分类整理； 有材料架或者固定存放材料的位置，并贴好相应的标记或定位线； 能及时更换、补充建构材料； 材料加油站内容丰富，符合班级幼儿的年龄特点，能满足幼儿建构及之后游戏的需要		

续表

项目	一级评价指标	二级评价指标	评定等级		
			★★★	★★	★
物质环境	建构区	考虑了游戏人数、人均面积、资源配置等因素； 可以借助地垫拓展幼儿游戏的空间			
	展示区	设置展示柜、展示架，展示小型的、固定成型的建构游戏作品； 创设展示墙、折叠架，展示大型的、无法长期保存或移动的建构游戏作品的照片； 提供展示牌，注明作品的名称、小小工程师的名字、作品照片等； 提供展示贴，展示幼儿在建构游戏中的故事、感想和游戏中的启示			
社会/情感环境	常规	能引导幼儿制定游戏需要的规则与要求，并能在区域内明示，如取放材料的要求、游戏时合作的要求、操作的要求等； 能引导幼儿遵守规则，学会自我管理并能相互监督			
	兴趣	能激发幼儿对建构游戏的兴趣与探索欲，是富有吸引力和挑战性的，如模仿的图片、富有挑战性的作品、具有故事情境的道具等			
认知/操作环境	能力	能关注幼儿基本建构技能和综合能力的提升，比如投放适合幼儿年龄特点及建构水平的基本技能图示，投放突破幼儿建构难点的步骤拆解图示，介绍建构中的重点技巧，根据幼儿的作品开展作品分析等			
	经验	能关注幼儿相关建构经验的拓展，丰富幼儿对生活中物体特征及其结构的认识，比如投放模型、系列图片、有关建筑的绘本图册等			

备注：此表是在借鉴丁海东老师的《游戏环境创设的整体效果评价量表》(《学前游戏论》p178)基础上，结合建构游戏环境评价要点修改而成。

（二）指向教师的评价

在建构活动中，教师通过观察可以了解幼儿建构活动的进程；教师的指导可以有效地提升幼儿建构的技能，开拓幼儿的思路；教师有针对性的评价能提高幼儿的建构水平，促进幼儿良好情感和行为习惯的养成。因此对教师的行为进行评价，有利于提升教师的专业水平，帮助教师更加有效地观察幼儿、指导幼儿，最终让幼儿得到更好的发展。

具体评价维度见表13。

表13　幼儿园建构游戏教师评价表

项目	一级评价指标	二级评价指标	评定等级		
			★★★	★★	★
教师评价	对幼儿的观察	关注幼儿的建构技能、材料使用、交流合作等			
		主动做好对幼儿的观察和记录			
	对幼儿的指导	指导方式方法适宜，能有效地帮助幼儿确定建构游戏的主题和内容			
		能够把握时机介入游戏，并采用适宜的方法引导幼儿自主解决问题			
		帮助幼儿螺旋式提升建构技能			
	对幼儿的评价	评价具有针对性，能关注幼儿的个体差异，具有支持和引领作用			
	反思与调整	能及时地对建构区域环境进行反思与调整			
		能及时地对建构区域的材料进行反思与调整			

（三）指向幼儿的评价

幼儿是建构游戏的主体，在环境的刺激、教师的引导下进行建构活动。建构游戏不仅能增强幼儿的图形、数量、空间概念，发展幼儿的动手能力，更能促使幼儿在协商、谦让、交换的游戏氛围中学会分享与合作，尝试开拓与创新，体验成功与挫折，从而实现合作交往能力的提高以及幼儿个性的和谐全面发展。指向幼儿的评价可以从智能发展评价、建构能力发展评价和自主性发展评价三个方面进行。

具体评价维度见表14、表15、表16。

表14 幼儿智能发展评价表

项目	一级评价指标	二级评价指标	评定等级		
			★★★	★★	★
幼儿智能发展评价	语言智能	能与同伴交流、沟通，通过讨论进行分工安排			
	数理逻辑智能	能正确认知建构材料的大小、形状等特性，能对其进行比较、分类、观察和尝试			
		能获得并运用空间、距离、方向、守恒等数学概念			
	空间智能	认识并尝试绘制平面图			
		懂得以自身所处的位置为参照点看图纸、画平面图			
		能依据平面图进行相应的建构			
	身体运动智能	能用手指精准地搭建建筑物的细节，并能使建筑物保持平稳			
		能熟练地搬运各种不同重量的积木，并进行搭建			
	艺术智能	能运用积木进行造型，获取物体的外在形态，并能表现出对称、平衡等艺术形式			
	人际智能	尊重他人的意见，与同伴协商、分工、合作并懂得分享和谦让			
		建立适当的游戏规则，注意保护自己和他人的作品			

表15 幼儿建构能力发展评价表

项目	一级评价指标	二级评价指标	评定等级		
			★★★	★★	★
幼儿建构能力发展评价	基本技能	叠高、平铺、重复	能熟练地使用积木进行叠高、平铺、重复			
		围合	能用四块积木围成一个圈,把一块空间完全地包围在里面			
			能用很多积木围成一个多边形			
			能用若干积木围合成一个圆形			
		架空	用一块积木盖在相互之间有一定距离的两块积木上面,从而把它们连接起来			
		接插	能将一块积木的一端插入另一块积木中,使之连接在一起,成为一个整体			
		排列、组合	能将积木按照一定的规律进行排列、组合			
		镶嵌	把一个物体嵌入另一物体			
	装饰能力	关注细节	能运用小块积木进行细节装饰,注意平衡和对称,有规律和美感			
		借助材料	能借助辅助材料完善建构主体物			
	造型能力		能依据表象或平面图片搭建立体造型,具有一定的表征能力			
			尝试将单个物象排列组合成一组或多组物象			

表16 幼儿自主性发展评价表

项目	评价指标	评定等级		
		★★★	★★	★
幼儿自主性发展评价	感受到建构游戏的乐趣,在搭建过程中能保持愉快的情绪			
	有自己的想法,且能按想法有目的地进行建构			
	能自主寻求材料,能变通材料的玩法			
	能自我意识到问题,并能创造性地尝试解决			
	敢于自主展示自己的作品并尝试介绍			

小贴士

指向幼儿的游戏评价能有效地促使教师深入地了解幼儿游戏的情况,改进指导方法,提高幼儿的游戏水平。每个幼儿在游戏过程中参与游戏的体验不同、经验不同,解决实际问题的能力也不同,开展建构游戏评价可以促进师幼之间、幼幼之间交流经验、相互学习、分享快乐。

因为建构游戏评价的特殊性,教师可以采用以下几种评价方式进行评价。

(1)反映式评价:是指教师对本次活动中的有关现象进行阐述,分享幼儿在建构中的新意和亮点。

在一次建构游戏结束后,教师这样评价道:"冬冬通过运用纸牌拼插、镶嵌的方法建构了围栏,让我们的社区变得更漂亮了。航航建构的桥墩有创意,是用方便面桶的大口、小口分别对拼的方法,老师也要学学你哦。霖儿拼搭的高楼大厦最漂亮,以前是把牛奶箱按大小规律来搭建的;今天他把牛奶箱先按颜色进行分类,然后按红绿相间的规律进行了建构,这样的颜色搭配很漂亮。乐乐建构的十字路口用红色方便面桶分开排列，形成四个自然小区，小区里用四色纸牌建构了房子，房子的造型各有千秋，有单幢的、有联排的、有尖顶的、有平顶的，房子四周还有围栏、小树呢……"

教师在进行反映式评价时，可结合游戏现场拍摄的照片进行，以帮助幼儿获得更为直观的印象。

（2）问题式评价：是指由教师或幼儿提出问题，大家共同思考并提出解决的方法或改进的策略。

在建构"停车场"时，一名幼儿为他的汽车建造了一座车库，但车库和地面间有一定的距离，于是，该幼儿总是自己用手把汽车"搬到"车库里。看到这种情况，在评价环节，教师提出这样的问题："你有什么办法让汽车自己开到车库里吗？"

（3）作品欣赏式评价：是指师幼共同欣赏幼儿的建构作品，学习优秀的搭建方法或摆放布局等。

以《桥》为例，通过具体作品（见图1-10-1），让幼儿欣赏不同材料搭建的特色，感受不同造型的桥的魅力。

图1-10-1

（4）作品分析式评价：每件作品都记录了幼儿的学习。即使是同一建构主题，幼儿的想法也会千奇百怪。比如同样是铺路，有的幼儿使用三角形积木，有的幼儿使用半圆形积木，还有的幼儿使用长条形积木。教师可以采用作品描述的方式，记录幼儿搭建时的想法和创意（见图1-10-2）。

图1-10-2 铺路

（5）跟踪式评价：建构游戏是一个持续性的过程，跟踪式评价是以图文结合、持续记录的方式展现幼儿的学习轨迹。从主题生成开始，教师将幼儿每一次的操作过程都以图文的形式进行记录评价，直到主题结束；最后，再进行总结性评价。在这个过程中，不光是幼儿在学习，教师也在评价的过程中不断调整方案，从而促使幼儿提升建构能力（见表17）。

表 17 对滑梯搭建游戏的跟踪式评价

搭建过程	照片	教师评价
观察滑梯		观察、讨论滑梯的外形是幼儿绘图及搭建滑梯的前提与基础
画画滑梯	 	滑梯是孩子们的最爱，每个孩子通过观察，都有自己的想法，大家把自己设计的滑梯画下来，为之后的搭建活动做铺垫
第一次搭滑梯	 	第一次搭建，孩子们的兴致很高，找积木，搬积木，忙得不可开交。但是有些孩子觉得滑梯很难表现，在老师的帮助下，他们找来了一些辅助材料，最终完成了滑梯的搭建

续表

搭建过程	照片	教师评价
第二次搭滑梯		在前一次的基础上,这次的搭建目的性更强,搭建的速度快了很多;特别是对于材料的选择,大家的意见很统一。这次搭建的效果比第一次好很多,孩子们信心倍增
第三次搭滑梯		这次孩子们把单元积木换成了空心积木,想搭一座大大的滑梯。经过前两次游戏,这次搭建的效果更棒!当最后一个孩子把积木放好的时候,大家都欢呼起来
教师小结	滑梯的搭建经历了观察、绘制、初次搭建、再次搭建等很多次尝试。在这个过程中,孩子们不断地进行各种研究,甚至否定之前的做法,最终获得了令自己满意的作品	

(6)自助图表式评价:是指借助教师预先设计的图表,由幼儿自主完成的评价。在建构活动中,教师可为不同年龄段的幼儿设计相对简洁、易操作的图表,让幼儿借助图表进行自助式评价。具体可参考上文"交互评价策略"部分。

实践篇

一、积木工作坊游戏案例

案例1 小班：给兔奶奶铺路

【主题由来】

孩子们都对前几天的数学游戏"给兔奶奶铺路"特别感兴趣，总是不厌其烦一遍又一遍地将图形填进"坑洞"里，帮助兔奶奶铺平门前的路。这种兴趣还蔓延到了建构区，孩子们尝试着用单元积木表现兔奶奶家门前的路。由此，引发了建构游戏"给兔奶奶铺路"。

【前期准备】

（1）材料准备：各种单元积木若干（见表18）。

表18 各种单元积木一览表

形　状	名　称	形　状	名　称
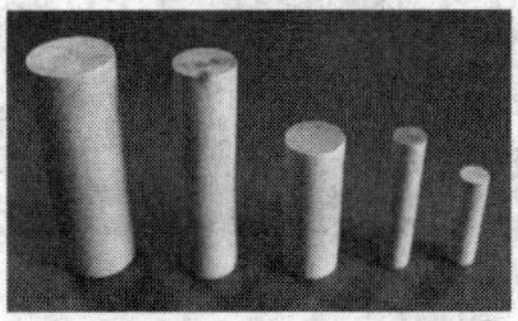	圆柱形积木		半圆形积木
	平板积木		空心积木
	大小弯曲	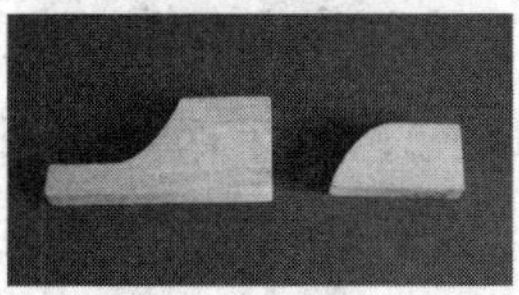	拱壁、1/2哥特形
	三角形积木		小方块、小方柱

（2）经验准备：幼儿玩过单元积木、听过《给兔奶奶铺路》的故事。

【游戏历程】

各种各样的路

游戏开始后，孩子们迫不及待地去积木柜前寻找自己需要的材料。顺顺抱了一摞三角形积木，零散地放在地上，嘴里说着："我要给兔奶奶铺一条三角形的路（见图2-1-1）。"添添则在一旁用小方块铺了一条"方形"的路（见图2-1-2）。

图2-1-1

图2-1-2

糖糖在一旁找来找去没看到圆形积木，急得大叫："我要给兔奶奶铺圆形的路，可是我们没有圆形积木啊！"顺顺一边搭建自己的三角形路一边回答："可以把半圆靠在一起，那样就变成圆形了，我们上次不是玩过吗？"糖糖听了，马上动手，搭起了"圆形"的路（见图2-1-3）。俊予在一旁一声不吭，找了两块长条形积木，两端各拼上一块半圆形积木（见图2-1-4），然后指着自己的作品说："我也帮兔奶奶铺好了一条路。"

图 2-1-3

图 2-1-4

🔍 观察与分析

小班幼儿由于年龄关系，不会和同伴合作，都是单独寻找材料独立完成作品。他们喜欢用单一的积木进行建构，作品比较零散。

他们还不理解"平铺"的建构技能，没有进行连接，当然更没有"延长"。但在找不到圆形积木时，个别幼儿知道"把两个半圆变成一个圆"的概念，并且通过对话帮助同伴获得了把积木组合变成其他形状的经验，体现了"学习也来自同伴"的理念。

一条又长又宽又平的路

兔奶奶门前的路铺好了，孩子们开始无所事事。教师提议："我们试着走一走，看看铺好的路有没有哪里需要改进的地方。"孩子们都在自己或别人的路上踩来踩去。这时，添添突然说："糖糖，你的圆形路里面有一个个洞，兔奶奶的脚卡在里面，肯定会摔倒的。"糖糖看着自己的路若有所思。这时，添添又接着说："你的圆形积木，一个个相互离得这么远，兔奶奶走在上面，一不小心就会摔倒。而且兔奶奶年纪大了，肯定踩不准。"孩子们开始思索怎么办。

教师见状，说："对啊，兔奶奶年纪大了，走不了小小的一块块的路。她需要的是一条又长又宽又平的路，而且要从她家门前一直到我们建构室的最前面。"于是，孩子们又开始行动了。

糖糖发现自己的圆形路无论怎样拼都不能变平整，里面都会有洞洞，于是选择了放弃。顺顺和添添两人费了好大劲完成的路，但只要轻轻一踩又都乱掉了（见图2-1-5）。俊予对她们喊道："用这样长条的积木好，铺得很快，而且踩不乱。"孩子们貌似有点理解了，纷纷加入了俊予的铺路队伍，还时不时地问俊予："这样连接起来对吧？"很快，一条又长又宽又平的路就完成了（见图2-1-6）。

图2-1-5

图2-1-6

观察与分析

幼儿通过自己的体验发现，圆形的路无论如何都做不到无缝连接，因为圆形是圆溜溜没有角、没有边的。孩子们在之前的图形学习中获得了这个概念，然后在这里开始建立实际的经验。而三角形和方形的路由于体积较小，拼搭的时候不仅比较费时，在上面行走时还容易踩乱。就这样，他们在具体的搭建过程中，对于长度、宽度、平整度开始建立有意义的联系，较好地理解了"平铺"的概念。此外，游戏中幼儿开始出现简单的合作，试着接受他人的建议并开始寻求同伴的帮助和指导。

路　　灯

兔奶奶门前的路搭建完成了，幼儿亲身体验后一致认为该路搭建成功。这时，糖糖提出了一个问题："兔奶奶如果晚上的时候出门，那不是看不见了吗？我们的马路旁边都有路灯，我们应该帮兔奶奶也装上路灯。"糖糖的提议很快就被同伴采纳了，孩子们又开始筹划路灯的搭建。添添找了一些小方柱积木代替路灯，俊予找了一些小圆柱放在马路旁边（见图2-1-7），而顺顺则是在小圆柱上放上一块三角形积木来代替路灯（见图2-1-8）。

经过孩子们的一阵忙碌，路灯终于搭建完成了。

图2-1-7　　　　　　　　　　　　图2-1-8

兔奶奶的路灯建好后，孩子们开始了角色扮演游戏。添添戴着小兔头饰对同伴说："我的小乖乖们，奶奶要出去采蘑菇了，你们在家等奶奶回来。"说完，就在铺好的马路上走了起来。小兔子们等兔奶奶出去后，也开始偷偷溜出门体验新马路去了。俊予走到门前的马路上，蹲在路旁边用手指着路灯边说："天黑了，我帮你们把路灯打开吧。"……孩子们玩得不亦乐乎。

观察与分析

路灯的搭建不在本次活动的预期之中。幼儿根据自己的生活经验结合兔奶奶夜晚出行的情境，生发出路灯的延伸搭建活动。

在搭建路灯的过程中，有的幼儿选用了单一的小方柱积木，有的幼儿选用了小圆柱积木，还有的幼儿是在小圆柱上放置一块三角形积木进行表征。幼儿在这里呈现了不同的搭建水平，他们都已初步建立空间概念，但由于生活经验的不同而在形状组合上呈现出不同的搭建结果。

【游戏反思】

整个有关"平铺"技能的主题搭建活动，教师一直围绕着"帮兔奶奶铺路"这一游戏情境展开。在幼儿搭建的物体不够理想时，教师采用了情境引导——"兔奶奶需要一条又长又宽又平的路"，为幼儿的进一步搭建提出了具体要求，既指出了平铺技能的核心概念，又将幼儿带入故事情境中亲自体验。

不过，游戏中也存在不足之处，主要表现在：

（1）材料的使用不够多元化。用长条形积木进行平铺是既简单又便捷的方法，但小型的单元积木，如三角形、方形积木等也同样可以平铺。幼儿在使用小型单元积木平铺时，需要不断地调整、变化，对图形的组合、感知会有进一步的发展，能力也会有较大的提高。教师在幼儿都采用长条形积木平铺后却没有鼓励他们坚持用小型单元积木进行平铺，这可能会在短时间内让幼儿体验到成功，但不利于幼儿的长远发展。

（2）忽略了幼儿的个体差异。幼儿在统一搭建时，大部分搭建都是由能力较强的幼儿完成的，而能力较弱的幼儿主要承担了"取积木"的任务，对于能力较弱的幼儿来说，他们在这个活动中的建构技能提升很有限，这就有可能造成"强者更强，弱者更弱"的情况。因此，教师在今后的搭建中，应该多引导、鼓励能力较弱的幼儿，多给他们一些关注和及时的指导，帮助他们在搭建活动中建立自信、获得快乐，从而实现建构游戏的价值。

（本案例由章丹老师提供）

案例2 小班：给小鸡造个家

【主题由来】

最近，班里正在开展"小鸡小鸭"的主题教学活动，小朋友们还在自然角饲养了一只可爱的小黄鸡。他们每天来园、课间、离园时都会蹲在那里观察小鸡，和小鸡聊天，给小鸡喂食，对小鸡产生了深厚的感情。于是，教师组织幼儿在建构区开展了"给小鸡造个家"的建构活动。

【前期准备】

（1）材料准备：小鸡玩具、单元积木若干。

（2）经验准备：幼儿认识小鸡，喜欢小鸡。

【游戏历程】

小鸡的围栏

"给小鸡造个家"搭建活动开始了，教师为每个孩子准备了一只玩具小鸡。孩子们拿着小鸡，找到空地开始了搭建。玖儿把小鸡放在地上，用小圆柱形积木沿着小鸡围了一个小小的圈，说："我的小鸡有家喽。"（见图 2-2-1）应祺炜则用三角形积木将小鸡围在里面（见图 2-2-2）。

图 2-2-1

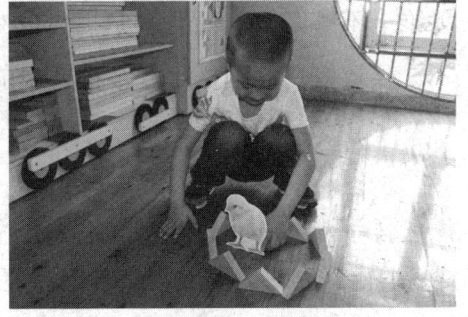

图 2-2-2

可心在旁边看了一眼，说："我的和你们的都不一样，看，我用的是弯曲积木，这样更好看。"（见图 2-2-3）圆圆接话说："你的小鸡会从洞洞里跑出去，那样你就找不到它了。看，像我这样搭，小鸡就跑不出去啦！"圆圆用长短不同的平板围了一个长方形，将小鸡放在中间，说："我这儿还有一扇小门，可以打开，也可以关上，厉害吧！"圆圆一边操作一边说道（见图 2-2-4）。

图 2-2-3　　　　　　　　　　　　图 2-2-4

🔍 观察与分析

游戏中，幼儿能选择自己喜欢的积木进行围合，思路清晰、任务明确、搭建流畅，可以看出他们对于"围合"这个概念的理解是比较准确的。有的幼儿还能结合自己的原有经验，为小鸡搭建了可移动的门，非常接近现实生活。

但是，游戏中他们选择的材料较为单一，都是同样形状的积木，在思维上不够开放。而且教师提供的小鸡玩具，局限了幼儿对于大小的感知，导致搭建的围栏都非常小，只能住一只小鸡。

"我"的家

为了突破幼儿建构作品的局限性，教师改变了策略。游戏前，师幼进行了一番谈话。

教师说："孩子们，现在我是鸡妈妈，你们都做我的鸡宝宝，愿意吗？"

"愿意！"孩子们齐声说。

教师接着说："我的鸡宝宝们，你们都已经长大了，变得非常能干，妈妈有一个任务要交给你们，请你们给自己搭建一个家，能让自己住进去。"

教师交代完任务后，孩子们就开始行动了。梦梦蹲在地上，用圆柱形积木把自己围在里面（见图2-2-5），说："看，这是我的家。"可心看了看,说:"你的家太矮了,要高一些,不然藏不住自己。"听完可心的话,梦梦开始着手建造第二层(见图2-2-6)。其他的孩子也都来帮忙,有人搬材料,有人指挥,有人加高,于是围栏越搭越高……

图 2-2-5

图 2-2-6

🔍 观察与分析

在教师的引导下,幼儿在围栏造型的大小和高度建构上有了很大的改观。他们结合自身身体大小决定围合面积,在无形中降低了建构的难度。

同伴对话将个别经验转换成了集体经验,幼儿在已有建构基础上开始了叠高,充分运用了之前习得的建构技能。在叠高的过程中,上下积木对不整齐的情况还是时有发生,说明幼儿间存在一定的个体差异性。

游戏中,还存在积木形状的选择单一的问题,说明幼儿在建构材料的选择上还不够大胆。

小鸡的"城堡"

当孩子们还沉浸在"家"的搭建中时,梦梦自言自语道:"我是白雪公主,我想住在城堡里。"教师顺势接话:"这个想法很好,小鸡也可以住城堡啊。"于是,孩子们开始了热烈的讨论。

"城堡是有门的。"

"城堡还有窗户。"

"城堡的屋顶是尖尖的。"

……

于是，新一轮的调整就这样开始了。梦梦在原先搭建的基础上加上了三角形的屋顶（见图2-2-7）；涛涛开始搭建城堡的窗户，他撤掉了一些圆柱形积木，在上面盖上了板子（见图2-2-8）。成功垒高以后，有的幼儿又在外圈加了围墙（见图2-2-9）。

图2-2-7　　　　　　　　　　　图2-2-8

图2-2-9

小鸡的"城堡"建成后，应祺炜一句"请到我的城堡来做客"拉开了做客游戏的帷幕。

孩子们纷纷走进其他孩子的城堡，玩起了娃娃家游戏（见图2-2-10）。城堡的主人先介绍了自己的家，再使用礼貌用语招呼客人，端上水果招待客人，学妈妈做饭，一切都那么有趣。

图2-2-10

观察与分析

"城堡"内容的加入帮助幼儿打开了思路，原先材料单一、层数不够的问题得到了解决。

在搭建窗户、门时，幼儿运用了之前学过的架空技能。游戏最后，幼儿角色的转变为他们的搭建活动注入了新的活力，把建构活动提升到想象创造的境界。

【游戏反思】

本次建构游戏从幼儿喜欢的小鸡入手，为幼儿的主动学习奠定了基础。游戏中，教师发现幼儿第一次围合面积太小后，改变策略，撤下原先的小鸡玩具，运用了情境体验策略——让幼儿自己扮演小鸡。对象的改变让围合面积显著增大，不但达到了预期的效果，还多了一些趣味性。

"住在城堡里"几乎是所有人孩童时期的梦想，教师能及时抓住突然出现的游戏契机，顺势回应幼儿，把这次的搭建拉高了一个层次，使建构技能得到运用和巩固,建构作品的视觉效果更佳。

不过,游戏中教师预设、准备得还是不够充分。比如,小鸡玩具体积小,在无形中降低了围合的难度,结果与预设目标存在一定距离;又如,"城堡"内容出现后,教师没有及时提供关于城堡的图片、影像。小班幼儿由于年龄限制,连把实体物象转化为建构物象的能力都不具备,更何况是根据回忆想象搭建了。此时,教师应该为幼儿提供一些图片,包括完整的城堡外形以及里面的一些细节的图片,尤其是门、窗的细节图,为幼儿的后续建构游戏提供支架。

（本案例由章丹老师提供）

案例3 中班:滑梯

【主题由来】

滑梯是幼儿园常见的大型玩具,也是孩子们最熟悉、最喜欢的运动器械。在幼儿园、游乐场、公园,我们总能看到孩子们开心地玩着滑梯。因此,幼儿和教师商定选择大家最熟悉的滑梯作为本次建构的内容。

【前期准备】

空心积木、单元积木、弹珠、布娃娃、小球。

【游戏历程】

斜斜、直直、转弯、卷卷的滑梯

在建构前,教师带领幼儿再次去操场玩了滑梯,以帮助幼儿对滑梯的结构有更深刻的印象。回到建构室,大家开始讨论滑梯的外形特征。

欣欣说:"滑梯是斜斜的、滑滑的。"

萱萱说:"有的滑梯是弯弯的(螺旋形)。"

子涵说:"滑梯像龙卷风。"

搭建时，孩子们各自建构。有的把积木叠高，再将一块长的平板放上去，当作滑梯（见图2-3-1）；有的做了转弯滑梯（见图2-3-2）；还有的做了双向滑梯（见图2-3-3）。

孩子们建构好滑梯后，进行了活动分享。

腾腾说："它不像滑梯，太矮了。"

天天说："没有很斜，不好玩。"

多多说："没有楼梯怎么上去呀？"

孩子们通过讨论决定：大家合作，建构一座比较大的滑梯。

图2-3-1　　　　　　　　　　　图2-3-2

图2-3-3

🔍 观察与分析

在一开始的建构中，出现了许多个人的建构作品。幼儿用积木作为替代物，表征自己对滑梯的直觉经验，结构虽然简单，但是也表现出了滑梯的基本特征。不过，从这些作品也可以看出，幼儿运用积木不够大胆，作品比较小型化。幼儿的游戏呈现个别化特点，属于平行游戏。

分享环节，幼儿通过观察同伴的滑梯与对照生活中的滑梯，发现了很多问题。这些问题也说明他们已经开始从象征性游戏过渡到实验性建构，他们期望建构的滑梯能和生活中的滑梯一样。

滑梯变高了

孩子们先从平台开始建构，他们取来许多空心积木进行叠高，还拿自己的身体去和平台比。当平台的高度和自己的腿差不多高时，幼儿在上面盖上盖板，平台搭好了（见图2-3-4）。

图 2-3-4

接着多多拿来一块盖板，把一端搭在平台上，另一端靠在地面上，结果发现这个盖板不够长，并且放不好，容易滑落。

教师见状问："怎么办呢？"

萱萱说："下面应该垫上积木。"

于是，孩子们在底端搭建了一些积木，让盖板可以靠在上面（见图2-3-5）。但是，这个滑梯的斜坡老是从上面滑下来。

图 2-3-5

教师问:"这是什么原因呢?"

繁繁说:"因为没有东西撑住。"

教师说:"有什么办法可以解决呢?能不能也像搭楼梯一样,让滑梯躺在上面呀?"(幼儿以前有建构楼梯的经验)

于是,孩子们拿掉了"斜坡",在靠近通道的地方建构楼梯。每搭好一段后,孩子们就拿来"斜坡"比一比,发现不够长便继续搭。最后,他们发现这个斜坡可以延伸出去,这样人滑下来时就不会直接滑到地上了(图 2-3-6)。

图 2-3-6

🔍 观察与分析

幼儿开始共同建构滑梯,具有了合作意识。他们一起检视滑梯的结构,增加用于连接斜坡的"平台",以便复制更加接近现实生活的滑梯。在此过程中,幼儿开始用"实验"的方式解决问题。比如,他们会通过和自己比一比来决定滑梯通道的高度,接着用盖板进行多次实验来感知并建构斜坡,而斜坡的多次倒下也让幼儿创新了以楼梯支撑坡道的做法,最后完成了斜坡的建构。

在解决坡道的问题时,幼儿使用"撑住"的办法,成功地解决了"斜坡"向下滑的问题,说明幼儿已经感知和观察到积木之间的力学作用现象。

滑梯建好了

平台和斜坡都搭建好了,剩下的是搭建可以登上滑梯的楼梯。由于缺乏空心积木,孩子们只能用平板进行组合。他们先是从最低处往上搭建,结果这样搭建的楼梯很容易倒(见图 2-3-7)。在天天的建议下,他们改成从贴着平台的地方往下搭建。一层比一层低,最后完成可以用来走上滑梯通道的楼梯(图 2-3-8)。

图 2-3-7

图 2-3-8

孩子们拿来了小球、洋娃娃、弹珠等玩具代替自己玩。他们先顺着楼梯往上走,走过通道,然后在滑梯口轻轻一推,玩具就从斜坡滑了下去(图 2-3-9),滑得很远。

图 2-3-9

周周建议在斜坡的前面搭一个小池子,并且在楼梯两旁装上栏杆,这样小球、弹珠滑下去时就不会跑远了,人登上楼梯时也更安全了。大家觉得周周的建议很棒,开始行动起来。很快,池子和栏杆就搭建好了(见图 2-3-10)。最后,孩子们在自己的作品前留影。

图 2-3-10

🔍 **观察与分析**

在搭建楼梯的过程中,幼儿发现运用递增和递减的方法搭建具有不同的意义。因为没有支撑,用递增的方法搭建,楼梯容易倒下,而且也很难掌握楼梯到平台的距离。经过反复实验,证实应该从靠近平台的地方搭建楼梯;以递减的方式更容易确定楼梯的层高和距离。

当整个滑梯建成后，孩子们用弹珠、小球、洋娃娃等作为自己的替代物，让它们玩滑滑梯，体现了幼儿的游戏心理，同时也是通过游戏来检验他们自己的作品。在此过程中，他们萌发了搭建小池子的想法，以防止玩具玩滑滑梯时滑到很远的地方。这说明幼儿在自由探索的游戏情境中，会自然地迁移生活经验解决问题。

【游戏反思】

建构前，教师提供了和幼儿生活经验相关的信息，成功地捕捉到幼儿的兴趣点。为了顾及不同幼儿的兴趣点及发展，搭建初期，教师允许幼儿自由建构，因此出现了很多个人搭建的小型滑梯。通过对幼儿作品的观察，教师了解到幼儿对目标物的认知经验及建构能力，逐步推进游戏进程。

整个游戏过程中，教师的以下两点做法尤其值得我们借鉴：

（1）以开放性问题激发幼儿的建构愿望。教师以"怎么搭""怎么办""有没有好办法"等开放式提问，引导幼儿进行深入思考，激发幼儿的建构兴趣和动力。

（2）组织讨论，让幼儿发现问题并分享经验。活动中，教师引导幼儿观察建构作品，和被表征实体进行对照，让幼儿发现问题，支持和鼓励幼儿提出解决问题的方法并进行尝试，以合作者的角色融入幼儿的建构活动。

不足之处在于，当幼儿已经表现出对斜坡的兴趣，并运用小球、洋娃娃、弹珠等进行游戏时，教师应进一步引导幼儿寻找能滑得最远的物体，从而将建构游戏和科学游戏自然地融合在一起。

（本案例由潘红梅老师提供）

案例4 中班：肯德基

【主题由来】

早上，宝宝手拿肯德基玩具——奇奇小汽车来到幼儿园，大家都被这个玩具吸引了，七嘴八舌地议论着自己在肯德基时的各种快乐……看到孩子们对肯德基有如此大的兴趣，教师考虑是否可以以肯德基为主线开展一次积木建构游戏。

通过对孩子们的小调查，得知他们对肯德基有着非常丰富的直接经验，并且了解很多关于肯德基的知识。肯德基统一、简单、整齐的店面风格有利于幼儿之间经验的统整，对幼儿的空间表征能力挑战又不是特别大，因此，肯德基主题就这样被确定下来。

【前期准备】

（1）材料准备：单元积木、空心大积木。

（2）经验准备：幼儿去过肯德基用餐。

【游戏历程】

肯德基餐厅有多大

在搭建肯德基餐厅前，孩子们讨论后决定要使用单元大积木来建构。依据他们的设想，搭建成功后的餐厅应该可以容纳十多个人同时用餐，但是他们在搭建结束后发现搭建的肯德基实在太小了(见图2-4-1)。宝宝说："这个餐厅太小了，客人都进不去。""那我们再把它变大一些。"可是，情况却不是那么顺利。

图2-4-1

于是，教师问道："你们想搭多大的餐厅？如果给你们一张很大的纸，能帮到你们吗？"孩子们对这张纸展开了研究：他们先是嫌纸太大，将纸进行了对折，然后请了几个孩子站上去，发现太挤；又将纸全部摊开，又请了一些孩子上去站位，数了下，差不多可以容纳十个人了。于是他们将纸移至场地中央，选取了圆柱形积木沿着纸的外围开始建构围墙。等全部围合好之后，将纸撤走，最后在每两个圆柱形积木上加了小拱形进行装饰，这样肯德基餐厅的大概规模就呈现出来了（见图2-4-2）。

图2-4-2

🔍 观察与分析

由于幼儿的空间感知能力有限，导致肯德基餐厅的实际大小和预期目标之间出现了很大的偏差。教师及时提供了纸张作为支架，帮助幼儿有效地解决了问题。

游戏中，"同伴站位"的方法体现了幼儿具象思维的显著特征，同时也不难发现，这群孩子解决问题的能力相当突出。

肯德基餐厅的桌椅

肯德基餐厅的外围框架确定后，徐凡淇说："现在我们开始搭桌子、椅子。"于是，幼儿马上开始搭建。丁柯谕用三块三角形空心积木叠高作为支撑，然后在上面平铺长方形积木，搭成了桌子（见图2-4-3）。

图2-4-3

钱欣怡将方形空心积木水平叠放在圆柱上，再用正方形空心积木竖向叠高作为椅背，完成了椅子的搭建（见图2-4-4）。也有幼儿将两块长条形空心积木竖立并连接当作沙发，沙发椅背用正方形空心积木搭建。当正方形空心积木不够时，幼儿就用两块三角形空心积木拼接来代替，最后还将两块半圆积木放在沙发两边作为扶手。（见图2-4-5）

图2-4-4　　　　　　　　　　图2-4-5

🔍 观察与分析

在搭建餐厅内的桌子、椅子时，幼儿在创造性建构上有了很大的进步，表征有多种方式，说明幼儿不仅对图形感知掌握较好，而且充分发挥了想象力。

此外,幼儿及时调整操作与解决问题的能力也得到了体现,尤其在搭建桌子时,有的幼儿会调整平铺的方向,如图2-4-5中空心积木的非水平方向平铺,增加了沙发的高度,更接近生活中的原形;有的幼儿在积木不够的时候,能够替代转换,如用两块三角形积木组合成一个正方形积木等。

肯德基餐厅的收银台

搭好桌椅后,萱萱说:"肯德基里还有收银台呢,在收银台点餐之后才能吃。"于是,孩子们又开始搭建收银台。一开始,他们想用空心大积木来搭建,可是空心大积木已所剩无几。微微马上提醒说:"待会儿我们要用收银台点餐的,收银台要高一点儿。"萱萱说:"那就用圆柱形积木吧,可以用粗的圆柱形积木。"笑笑拿来了大圆柱形积木作为支撑,然后盖上长方形大盖板;之后又准备了很多圆柱形积木放在盖板上,又加了一层盖板;发现还是不够高,就照着盖第二层的方法,又增加了第三层,这下适合幼儿的身高了。最后,他们还在最高层盖板上增加了由小拱形组合而成的圆(见图2-4-6)。

就这样,收银台终于完工啦!

图 2-4-6

实践篇

🔍 **观察与分析**

搭建收银台时空心大积木数量不够,孩子们马上想到了解决的办法——用粗的大圆柱形积木来代替。而且他们还明白要想稳固,必须增加受力面积,也就是多放一些圆柱形积木可以使收银台的平衡性更好。

另外,幼儿从一开始的单层叠高,到双层叠高,再到三层叠高,并结合自身的身高进行对比分析,说明他们会根据自己的需要,举一反三,也说明他们根据实际情况匹配搭建的能力提升了。

肯德基餐厅开业啦

肯德基餐厅正式开业了。孩子们围在一起讨论谁当收银员、谁当服务员、谁当客人。两名幼儿走到收银台后,当起了收银员,还吆喝着:"快来点餐呀,快来点餐呀!"

服务员拿着抹布擦桌子,顾客们陆续在收银台前排队点餐。写着数字的白纸是他们的"钱",他们拿着那些"钱"买食物。陈锦旭说:"我要香辣鸡腿汉堡和一杯可乐。"(见图2-4-7)收银员徐婧琪和赵思齐在小拱形组合起来的圆上模仿敲击键盘的动作,好似在输入账单,说:"请稍等!"然后,收银员将"食物"递给客人。

图 2-4-7

肯德基餐厅的生意异常火爆,孩子们愉快地进行着角色游戏(见图2-4-8)。

图 2-4-8

观察与分析

通过游戏可以看出,幼儿开展角色游戏的经验丰富。角色分配、游戏程序甚至游戏规则都是大家默认的,没有一个人破坏规则。在没有钱币的情况下,幼儿就近找了几张白纸,裁剪成小片,写上数字表示金额,也反映了幼儿善于解决问题的意识和能力。

此外,游戏中幼儿的象征性能力得到了很好的体现。比如,半圆形积木,既被用来当作沙发的扶手,又被用来表征收银用的计算机的键盘,表明他们具有较高的游戏水平。收银员熟练的收银程序也反映出她们平时的观察较为细致,模仿学习的能力较强。

【游戏反思】

本游戏的主题源于教师对儿童兴趣的了解,幼儿在游戏中表现出积极的状态,意味着游戏前期教师接收的"儿童信息"尤为准确。此外,教师还事先安排了许多相关的集体教学活动,如"肯德基的由来""认识主餐、配餐"等,使幼儿对肯德基、西餐有了了解;用橡皮泥制作肯德基的食物的经验,为幼儿后续的一系列游戏活动奠定了很好的基础。

本案例中最值得肯定的做法是:教师借助材料支架,起到了"推波

实践篇

助澜"的引导作用。游戏中，幼儿无法搭建预先设想的可以容纳许多人共同游戏的餐厅，一方面缘于中班幼儿的空间知觉能力不足，对"大"的概念落实起来有困难；另一方面，中班幼儿多协作游戏，即你在搭的时候，我也和你一起，但没有配合。因而，当幼儿多次因为餐厅外围轮廓无法确定而停滞时，教师给予了材料暗示——"将大张纸铺在地上，沿纸张外围围合"，最终帮助孩子们得到了想要的结果。

游戏中存在的不足主要表现在：最后幼儿进行角色游戏时，教师提供的材料还不充分。幼儿在自己搭建的肯德基里游戏时，教师应该多准备一些相关的材料供幼儿选择，如角色的服饰、胸牌、帽子等，这样可以让幼儿的角色扮演更加形象有趣。后续，教师应该再为幼儿准备一些低结构的材料，让幼儿有更为持续的游戏推进。

（本案例由应云云老师提供）

案例5 大班："蝴蝶"立交桥

【主题由来】

孩子们在搭建公园时喜欢在公园里建构一座桥，建构城市时也总是乐此不疲地建构立交桥，而且每次桥的造型都不一样。为了满足孩子们的兴趣，教师在墙上张贴了许多关于桥的图片，供他们欣赏、模仿。其中"郑州市北环花园路立交桥"引起了孩子们的关注，这座桥的外形像一只展翅飞翔的蝴蝶，孩子们称它为"蝴蝶桥"。"蝴蝶桥"的造型颇受孩子们的喜爱，他们纷纷要求建构这座桥。

【前期准备】

（1）材料准备：积木若干，郑州市北环花园路立交桥的图片（见图2-5-1）。

（2）经验准备：幼儿在叠高、围合、架空、创造性造型等方面均具备一定的经验，具有转向、交叉等建构技能。

图 2-5-1

【游戏历程】

"蝴蝶"诞生了

建构前,大家先聚在一起观察"蝴蝶桥"的照片。

圆圆说:"蝴蝶桥有两对翅膀,上面一对小,下面一对比较大。"

小雨说:"这是因为看的时候近大远小,其实翅膀是一样大的。"

康康说:"这个桥是有高有低的,因为下面有影子。"

一番讨论后,孩子们按自己的意愿分成四组,先定了一个中心点,预备由中心点往外搭建一个十字形。一组幼儿先尝试用两个圆柱形积木撑起一块平板,然后依次排列,呈现十字形主干道(见图2-5-2)。

图 2-5-2

之后，孩子们开始建构"翅膀"。他们再次观察图片，在十字形路上比画"翅膀"，之后从一条边开始把圆柱形积木摆放成弧形，再在圆柱形积木上放上平板积木。因为先前的圆柱形积木之间的距离和平板的长度不匹配，孩子们边放平板边调整圆柱形积木之间的距离，搭出一个弧形（见图2-5-3）。其他孩子看到一个"翅膀"已经建成，开始仿照建构另外三个"翅膀"。

图 2-5-3

在大家的努力下，一只不规则的"蝴蝶"终于呈现在眼前（见图2-5-4）。

图 2-5-4

🔍 观察与分析

幼儿首先运用选择法，从教师提供的大量图片中选取了符合自身建构审美取向的"郑州市北环花园路立交桥"作为搭建主题，并且在解读图片的时候,调动自身关于结构、光影、力学等方面的信息进行分析。由此可以看出,明显不同于小中班幼儿单一维度的解析,该阶段幼儿的图片分析、解读已经带有初步的"立体多维"倾向。

幼儿在建构中已经能有意识地确定中心点,然后由中心点向外延伸。同时,已经明显表现出等差排列的能力。比如,幼儿在搭建中会运用自然测量的方法,确定两个圆柱形积木之间、多个圆柱形积木之间的距离要体现出等差性,才能保持构成桥面的长条板的合理分布。因而,经常可以看到幼儿拿着长条板对两个圆柱形积木之间的距离进行测量,确定合理后才进行摆放。

最后,从具体的建构行为看,幼儿能按照各自的计划,有目的地自行搭建某一范围内的积木,直至最终呈现完整的建构主题。

美丽的"蝴蝶桥"

孩子们发现"蝴蝶"的"翅膀"大小不一样,和图片上的"蝴蝶桥"相差甚远。

小雨对自己建构的"翅膀"进行了调整,将原先盖合的木板拿掉,然后按照每两个圆柱形积木连线大致相差45度的方式,重新做了排列(见图2-5-5),并把长的平板积木换成短的积木,终于搭建出形状饱满的"翅膀"。

图 2-5-5

孩子们经过商量，决定按照小雨的方法进行建构，边建构边数小雨用的积木数，并不时拿积木和小雨建构的"翅膀"上的积木比较长短，最后建构出翅膀大小差不多、比较对称的"蝴蝶桥"（见图2-5-6）。

图 2-5-6

问题又一次出现了，他们发现在只有一条单行道的立交桥上，车子是不能顺利转弯的，于是大家开始对翅膀的两端进行扩展，让"翅膀"一直沿着主干道延伸，形成了三条车道（见图2-5-7）。

图 2-5-7

观察与分析

在搭建立交桥的时候，孩子们主动分工，决定几个人为一组，先搭建"蝴蝶翅膀"，由于他们在行动前没有统一"翅膀"到底该搭多大，导致四个"翅膀"大小不一。之后，他们商量决定保留其中一个作为样板，其余的三个"翅膀"对照进行调整，最终实现了目标。

游戏中，孩子们通过对自己的作品进行检视，发现问题，并和被表征物进行对比，知道在只有一条车道的立交桥上车子只能直行，无法转弯。于是，他们再次对"翅膀"进行调整，凸显了幼儿解决问题的能力在逐渐增强。

呈现"立交桥"

之后，如何解决立交桥的层差问题成了建构的难点。教师引导幼儿先尝试运用雪花片建造立交桥来表现层差（见图2-5-8），当他们能熟练掌握其结构时，再换成单元积木与立体积木进行搭建。

图 2-5-8

图 2-5-9

大家把其中一条路上的圆柱形积木撤掉，把平板直接铺到地上，用这样的方法自然地解决了层差问题（见图2-5-9）。当层差问题得到解决后，他们又发现车子无法从地面上行到桥上，于是开始建构斜坡。小雨拿来一块平板，将其一端搁在圆柱形积木上，另一端接到地上，这样的斜坡又陡又不稳。教师见状拿来高低不同的圆柱形积木，让幼儿观察怎样的斜坡不陡峭（见图2-5-10）。然后，孩子们建构斜坡，完成了立交桥的雏形（见图2-5-11）。

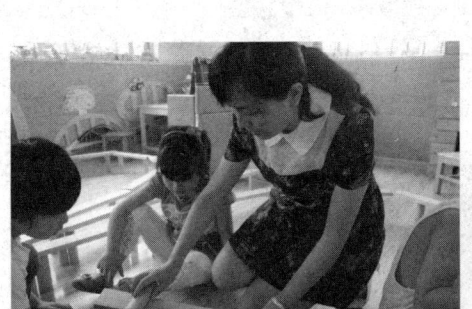
图 2-5-10

图 2-5-11

当搭建完成后，孩子们发出了这样的声音：

幼1："好壮观啊！我们自己搭的立交桥。"

幼2："真的像只大蝴蝶呀！"

幼3："我觉得桥面上应该安装一些扶手。"

幼4："我们可以玩开汽车的游戏了。"

幼5："我觉得桥面应该更宽一些。"

于是，孩子们对桥面进行了拓宽，一条道路变成两条道路。之后，他们找来玩具汽车，开始玩开车上桥的游戏，并和自己的作品合影（见图 2-5-12）。

图 2-5-12

最后，孩子们觉得立交桥上应该有护栏，于是他们再次取来小单元积木进行了装饰。最后，一座栩栩如生的"蝴蝶"立交桥呈现在建构室里（见图 2-5-13）。

图 2-5-13

🔍 **观察与分析**

幼儿在建构过程中表现出了很强的坚持性。每一次新问题的出现，都成为他们继续探究、建构的动力所在。

幼儿检视作品的能力增强。当阶段性成果呈现时，他们除了对自己的作品进行欣赏外，还能联系生活中立交桥的形态来检视作品，并采取行动进一步调整建构作品。

【游戏反思】

在搭建"蝴蝶桥"的过程中，幼儿从建构桥的外形开始就遇到了极大的挑战。建构桥的四个大大的"翅膀"蕴含了排列、转弯、对称等建构技能，这对幼儿来说是一种新的挑战。在建构中教师对幼儿的建构路径提供了指引，让他们可以一边尝试一边自我修正。

（1）引导幼儿从部分到整体表征"蝴蝶桥"。首先，教师让幼儿观察了桥的外形，引导幼儿思考先从哪个部分开始建构，再由部分建构过渡到整体建构，这样有梯次的活动计划为幼儿的成功造型提供了条件。

（2）利用支架策略帮助幼儿解决建构难点。在建构斜坡时，针对斜坡总是不稳的情况，教师引导幼儿进行了比较，让他们发现用高度相差比较小的圆柱形积木做桥墩时，桥面会更加稳固。在表现桥的层差时，教师先巧妙地使用其他小型积木让幼儿尝试建构表现层差，然后再过渡到单元积木，这样就帮助幼儿解决了层差问题，最后的作品表现出了立交桥的特征。

活动中，教师做得不足的地方表现在：当幼儿不能成功地搭建"蝴蝶"对称的"翅膀"时，可以引导他们先在地面画"蝴蝶"的轮廓，这样可以提高建构的成功率；其次是当幼儿无法表现层差时，教师可以借助更直接有效的方式，如情境演示法，让幼儿更有效地理解和表征层差。

（本案例由潘红梅老师提供）

案例 6 大班：天封塔

【主题由来】

午点后，几个小朋友哼唱着一首宁波地方童谣："天封塔，十八格，唐朝造起天封塔，沙泥堆聚积成塔，鲁班师傅会呆煞。"看他们如此有兴趣，教师问道："你们去过天封塔吗？"畅畅抢着说："我去过，我还爬到最高一层呢。"教师接着问："天封塔长什么样呀？"这下热闹了，有的说："天封塔很高很高的。"有的说："头上是尖尖的。"有的说："是一层一层的。"教师略显失望地说："我好像还是不太明白，你们能搭出来让我瞧瞧吗？"几个去过天封塔的孩子表示赞同，建构主题因此产生。

【前期准备】

（1）材料准备：单元积木，天封塔的图片。

（2）经验准备：幼儿去过天封塔，对天封塔的外形特征有初步了解。

【游戏历程】

天封塔到底是什么形状的

孩子们来到建构区准备搭建天封塔，畅畅说："我们先来搭天封塔的底吧。"欣欣说:"好的。"畅畅把小朋友运来的圆柱形积木一个挨着一个围成一个圆圈,这引来冉冉的意见:"不是这样的,天封塔不是圆形的。"欣欣也说:"好像是平平的,又好像是有角的。"几个人一会儿摆出方形,一会儿又摆出圆形,整个底部还是没有搭建成功。教师看他们似乎陷入了困境,就为他们提供了两张天封塔的图片,说:"你们仔细看看,天封塔到底是什么形状的。"

天天拿到图片先数起来:"1、2、3,这样看有三条直直的线,后面的看不到呀。"欣欣说:"后面的和前面的应该是一样的吧。"畅畅仔细看了两张图说:"要不我们先照着搭,看看能不能搭起来。"大家同意了畅畅的提议,找来了平板积木照着图片先围了三块。至于后面看不到的地方,他们先加了两块平板积木,但欣欣不同意,说:"好像有点小。"于是,他们又加了两块。之后,畅畅左看看右看看说:"有点弯弯扭扭。"在添添减减中,大家觉得还是六块看上去比较好看(见图2-6-1)。孩子们在每边用了两个圆柱形积木支撑,围成六边形,并且在每两根柱子上架空了一块平板积木,天封塔的第一层就这样搭建成功了,天封塔六边形塔身的基本雏形也就完成了(见图2-6-2)。

图2-6-1

图2-6-2

🔍 观察与分析

幼儿都去过天封塔,对其大致的形象和结构具有粗浅经验,但缺乏细致的观察。所以一开始畅畅尝试用圆柱形积木围合成圆形来表征底部造型，同伴虽然对此提出了疑义，却也没有办法明确地表达清楚。

天封塔图片在游戏中起到了关键的作用，但图片只能展现一个角度的造型，不能整体展现其立体的造型特点。最终六边形的造型还是在孩子们一边猜测一边尝试和推敲中完成了，而这底座的造型也决定了天封塔塔身的基本特点，特别是选用圆柱形积木架空平板的方式较好地表征了天封塔每层的檐柱。

屋檐用什么材料搭

天封塔的底座完成了，孩子们开始往上搭第二层。其中，图片上的起翘飞檐引发了小朋友们的讨论。毛毛说："天封塔每一层都有翘起来的地方。""这个叫屋檐，我乡下奶奶家的房子就有屋檐，"欣欣接着说，"我们用什么积木来搭呢？"孩子们开始找各种各样的材料来做屋檐，畅畅找来了半圆形积木（见图2-6-3）；天天找来了三角形积木（见图2-6-4）；欣欣找来了哥特形和小拱壁积木（见图2-6-5）。

图2-6-3

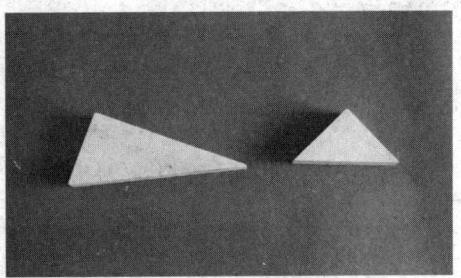

图2-6-4

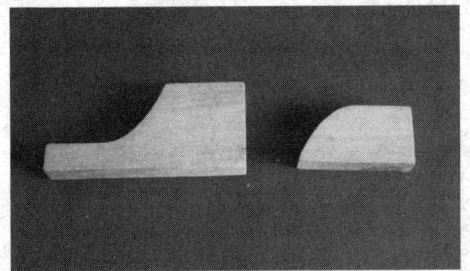

图2-6-5

试了几次，大家觉得还是将哥特形积木长边往下放置的样子合适。于是，孩子们在第一层的每一块平板积木上都密密麻麻地摆上了哥特形的积木，天封塔飞檐起翘的效果十分突出。然后，他们在哥特形积木上摆放上平板，天封塔第二层搭建好了（见图2-6-6）。

图 2-6-6

🔍 观察与分析

天封塔作为中国江南特有的典型的仿宋阁楼式砖木结构塔，其飞翘的塔檐具有比较明显的特点。幼儿在建构的过程中也关注到了这一点，他们尝试运用多种材料来表现这一特点。他们一方面要思考哪一种材料更适合表现天封塔飞翘的塔檐；另一方面还要考虑材料在其中摆放的状态，比如哥特形积木长边和短边哪个朝下放置，表征的屋檐的形状是不一样的。在这一过程中幼儿经过多次尝试，最终找到了最佳的表征方法。

材料不够怎么办

天封塔第二层搭建成功后，孩子们依照这种方法，开始搭建第三层。快完成第三层的时候，天天大叫起来："哎呀，不好了！"其他孩子连声问道："怎么啦？"天天指着篾筐里所剩无几的哥特形积木说："这个形状的积木快没有了。"畅畅也叫道："还要搭好多层呢，不够怎么办？"

欣欣说:"要不我们上面用三角形积木吧。"天天第一个反对:"不行,三角形积木上面放不了平板积木的。"毛毛也说:"上面的和下面的不一样,不好看吧。"说完,毛毛绕着天封塔走了一圈,再看看图片出了个主意:"要不我们下面的用少一点,省下来的用在上面。"这个主意得到大家的一致同意,他们小心翼翼地将第二层和第三层的哥特形积木调整了数量和位置,仅在每块平板的中间和两端各放一块哥特形积木。到第四层的时候,中间的那块也取消了,用一些小的圆柱形积木替代(见图2-6-7)。

图 2-6-7

🔍 观察与分析

天封塔第二层的建构基本解决了天封塔整体造型的两个难点,后续的建构基本是同一技能和方法的不断再现,对幼儿来说挑战并不是很大,但有限的哥特形材料还是制约了后续的建构活动。在不能增加材料的情况下,孩子们一般会采用两种方法:一种是选用替代材料,另一种是均分材料。很显然,第一种方法在这里并不可取:其一,使用哥特形积木作为建构屋檐的主要材料是幼儿在多次的尝试中确定的,其他材料并不合适。其二,上面几层如果用其他材料,会影响天封塔整体的效果。所以,孩子们还是采用了第二种方法,将下层密集使用的哥特形积木调整成较少的数量,均分到上层使用。此方法效果良好。

天封塔怎么盖顶

天封塔塔身部分基本构造完成，接下来需要封顶了。亮亮说："我们把塔顶先盖住，可是用什么积木好呢？"冉冉说："我觉得平板积木最合适。"于是，每个孩子都去拿长短不一的平板积木往上面放。

放的过程中，孩子们发现在六边形上放平板积木并不那么容易。有的平板积木太长，露到了塔身的外面；有些平板积木又太短，不仅没法把顶盖住，还会掉下来。这时，天天说："我觉得塔顶面对面之间的距离是一样的，我们可以先放中间。"亮亮说："是的，先中间，再两边。"最后，孩子们讨论总结出，塔顶中间需要最长的平板积木，然后依次往两边递减。就这样，孩子们把塔封好了（见图2-6-8）。

图2-6-8

接下来，孩子们开始搭建天封塔的顶。亮亮说："顶是尖尖的，长长的。"欣欣说："可以用长长的圆柱形积木搭。"于是，大家用圆柱形积木搭起来，结果发现和图片上的天封塔不太像。有的说："好像不太好看。"还有的说："顶太矮了。"于是，天天提议在圆柱形积木下面垫上几块长方形积木，这样外观上更加壮观了。这时，欣欣说："顶应该在最中间，怎么有点偏？"孩子们又重新对塔顶进行了调整，他们选择了最中心的位置放置塔顶。搭完整个天封塔后，孩子们非常满足并合影留念（见图2-6-9）。

实践篇

图 2-6-9

🔍 **观察与分析**

对天封塔进行盖顶是有一定难度的。首先，天封塔的塔顶是一个多边形，要对它进行盖顶就必须依据其塔身的形状进行。在多次尝试不同的盖顶方法后，幼儿最终运用测量和比较的方法选择了和塔身跨度一样长的平板积木进行了建构。

由于真实的塔顶是六边形的，并且中间是凸出来的，所以后来幼儿又用了两块空心积木叠高，再在上面用圆柱形积木叠高变成一条直线，以此方式表征塔顶凸出的形态。

【游戏反思】

在建筑学层面而言，天封塔是具有特定形状和风格的中国传统建筑，不仅历史悠久，也是古代明州港江海通航的水运航标，是港城的重要标志。自古以来，爬天封塔俯瞰宁波老城、唱《天封塔》的童谣是宁波人童年的一趣。从游戏中幼儿用积木来表征天封塔的行为来看，我们可以得到以下两个启示。

（1）在建构中发展数学能力。在搭建天封塔的过程中，幼儿多方面迁移和运用了形、数、量、对称等数学知识。"形"，表现在第一阶段幼儿对天封塔塔身六边形形状的推敲；"数"，表现为幼儿对哥特形材料的估算和调整;"量"和"对称",主要表现在封顶阶段平板积木的合理使用上。可见,建构活动和数学活动能自然融合,因此建构活动中教师有必要关注幼儿数学经验的运用和数学能力的发展。

(2)建构经验决定建构成效。第一阶段幼儿在搭建塔身主体——六边形时困难重重,因为此时他们只具有参观时粗浅的认识和天封塔的平面图片。可见,建构经验的丰富程度是影响建构成败的关键。如果游戏前期教师能提供多个角度的天封塔的图片,特别是鸟瞰的图片;或者提供天封塔的模型,或者是在实地观摩时有意识地引导幼儿仔细地观察塔身的结构造型,特别是塔身的形状,就能大大丰富幼儿的建构经验,帮助他们更为清晰地进行表征。

整体来说,活动中幼儿还是比较好地表现了天封塔塔身的形状、层数、屋檐飞翘等几个关键部分。其中,屋檐材料的选择、放置的状态都十分恰当地表现了其特点。只是塔顶的部分和塔身过渡不够自然,收缩比较快,建议教师指导幼儿从两个方面解决:第一,塔身在建构过程中逐渐缩小;第二,塔顶可一层一层逐渐缩小使其自然过渡。

(本案例由梁瑛老师提供)

案例7 大班:南塘老街

【主题由来】

《阿拉宁波》是宁波地方幼儿园的特色课程,内容包括方言儿歌、传统工艺、著名建筑等,旨在使幼儿了解家乡,萌发热爱家乡的情感。

其中,"宁波建筑"主题中的南塘老街让幼儿非常感兴趣,因为南塘老街离幼儿园不远,孩子们几乎都去过。那里不仅有宁波的老式建筑,还有丰富的宁波小吃。

瞧!建构游戏一开始,他们就不约而同地说:"我们搭南塘老街吧!"

【前期准备】

（1）材料准备：各种积木，南塘老街的图片（见图2-7-1）

图 2-7-1

（2）经验准备：幼儿几乎都到南塘老街游玩过。

【游戏历程】

柱子形状和对称

经过一番讨论，孩子们信心十足地开始建构。但很快，在搭建柱子时出现了问题。孩子们只是把正方形空心积木进行叠高做柱子，与真实的柱子相差甚远。

于是，教师引导幼儿再次观察南塘老街牌坊的图片。圆圆说："图片上看上去有两层。"其他小朋友看着他手指的地方说："是的，我们的只有一层。"于是，他们立即动手又加了一层空心积木。但是如何体现层次感呢？他们想了一会儿，决定将短平板积木放在中间，这样层次感就出来了，之后他们又仿照建构了另外三根柱子。

所有的柱子都搭建好了，孩子们开始摆放柱子。

小雨观察了大家摆放好的柱子，说："你们这里放的距离和我们的不一样。"

阿娇伸开手臂去量，小哲则找来一块长的平板积木进行测量（见图

2-7-2）。

"老师你看，这块长的积木可以当尺子来量。"小哲一边量一边指挥站着的小朋友移动柱子，柱子的间距一样了。

图 2-7-2

🔍 观察与分析

大班幼儿对物体的观察相对比较细致。案例中的圆圆就是如此，她很快发现柱子的细节差异之处，为顺利表征牌坊打下基础。

"对称"这个词对幼儿来说并不陌生，但在建构中如何很好地体现，就有些困难了。案例中，柱子距离的对称就意味着整体结构的对称。幼儿在这里自己发现了问题，并且通过同伴合作最终解决了问题。

牌坊的顶部

随着底部结构的完成，孩子们开始搭建牌坊的顶部，牌坊顶部覆盖着很多瓦片。对于选用什么做顶，小朋友们展开了激烈的讨论。有的说用平板积木，有的说用纸箱……最后，大家试着运用各种方式进行表征，并不时地和图片上的牌坊进行对照，发现都不能较好地表现牌坊的顶部。于是，小雨带领几个同伴进入"材料加油站"寻找合适的材料。

"看！我找到了这个！"她找到了比平板积木和纸箱更适合做屋顶的材料——一个现成的由纸杯制成的屋顶。大家拍手叫好："哇，这个太好看了!"大家一起把屋顶抬回去,小心地放在牌坊的顶部,一座老式的牌坊呈现在眼前(见图2-7-3)。

图2-7-3

孩子们在这个牌坊下钻来钻去,因为牌坊太矮,他们只好弯着腰小心地活动。

"搭高一点就行了,就不用弯腰了。"小哲提议。

孩子们恍然大悟,他们先把上面部分的积木拿掉,再在每根柱子下面垫上两块空心积木,这样牌坊的高度又升高了不少,孩子们玩得更加开心了。

🔍 观察与分析

在幼儿的生活经验中,他们认为屋顶都是平的,所以一开始搭建的牌坊顶部是平的,但是观察能力强的幼儿发现牌坊的顶部与现代屋顶的不同之处。此时,"材料加油站"起到了关键作用,幼儿在其中寻找到了更形象的替代物。

幼儿在搭建建筑物时一般对高度的把握没有那么到位,他们只是根据自己的目测,觉得差不多就行了。所以,在这次搭建中他们遇到了问题,但他们凭借实际经验快速解决了问题。

游南塘老街

经过不断的修缮、调整，南塘老街的牌坊终于搭建好了，孩子们也开始在自己搭建的南塘老街上游玩了。在游玩中，一名幼儿说："我们的南塘老街怎么没有小吃呀？"

他的疑问提醒了大家：如果再搭建一些店铺的话，就会更好玩了。于是，大家分工合作，有的搭建货柜，有的搭建桌子和椅子。小雨介绍道："我在搭桌子和椅子，有了桌子和椅子客人就可以坐了。"（见图2-7-4）。

图2-7-4

南塘老街的场景搭建完成了，孩子们玩起了角色游戏，有的扮演游客，有的扮演售货员，有的扮演警察等（见图2-7-5）。

图2-7-5

实践篇

🔍 观察与分析

角色游戏是幼儿体验建构成就感的主要方式。大班幼儿具有玩角色游戏的经验，同时他们之间的交流合作能力又保证了角色游戏的顺利开展，所以他们从建构游戏中自发生成了角色游戏。

【游戏反思】

本次建构游戏主题是从幼儿感兴趣的主题教学活动中延伸而来的，幼儿在建构活动中十分乐意去观察、讨论，全身心投入其中。可以看出，只有幼儿对游戏感兴趣，他们的积极性和主动性才能被调动起来，才能推动游戏的进程。

教师在游戏中摆脱了以往指导者的身份，通过观察幼儿的行为、倾听他们的对话，了解幼儿的游戏进度和困难所在，并给予他们充分的思考时间。

游戏中，"材料加油站"的设置是个亮点，幼儿在其中寻找替代性材料，逐步学会了什么叫"更适合"，大大激活了表征思维。

游戏中存在的不足主要表现在：其一，表征对象的图片可以再丰富些，特别是细节图。建筑物的细节展示能帮助幼儿了解其结构、细节，从而在表征时更加形象。其二，应该更加关注幼儿的个体差异。在整个建构游戏中，全部幼儿都时刻全身心投入其中是很难的，总会有个别幼儿时不时地偏离游戏主题。教师发现了这一情况却未能很好地进行引导，在以后的游戏中应多加注意。

（本案例由任婵娟老师提供）

案例8　大班：雄伟的长城

【主题由来】

大班国庆节主题活动"中国的世界之最——长城"引起了幼儿的关注。对于长城这一雄伟的建筑，幼儿并不陌生，特别是有几名幼儿曾经和爸爸妈妈一起爬过长城，他们讨论长城的热情高涨，有的幼儿还带来了自己游览长城的照片。

在自由活动时间，不少幼儿用小型插塑建构了长城，并逐渐由此萌发了用单元积木和空心积木建构大长城的想法。

【前期准备】

（1）材料准备：各种类型和形状的积木。

（2）经验准备：幼儿运用小型插塑（雪花片、百变积塑等）建构过长城。

【游戏历程】

用空心积木建构的长城

孩子们首先找到长方形空心积木，把这些积木一块接一块连接，中间还呈现出弯曲的状态。

洋洋说："长城是弯弯曲曲的，所以积木不能连成直线的样子。"

当长方形空心积木用完后，静静提议："该搭垛口了。"这时，孩子们又搬来正方形的空心积木，在已排列好的长方形积木（城墙）上隔空排列，表征垛口（见图2-8-1）。

图2-8-1

当再一次把所有的正方形空心积木用完后，垛口还没有建好。孩子们意识到用这样的方法建构将面临积木不够的情况,因为还有烽火台没有建构呢。这时,洋洋说:"我们直接搭烽火台吧!"

于是,他们撤掉了所有的正方形空心积木,把其三个一排叠加在城墙上,在与之对应的另一面城墙上搭建同样的造型,然后用盖板封顶,结果发现城墙间的距离太宽,便移动了一侧城墙,并不时地用盖板进行测量,最后终于能把盖板盖上,使之成为一个封闭的造型。之后,再在盖板上隔空排列小方块,烽火台便建成了(见图2-8-2)。

其他几个孩子也仿照此法在城墙的头尾处建构了烽火台(见图2-8-3),孩子们觉得长城搭建好了。

图2-8-2

图2-8-3

🔍 观察与分析

因为有了用小型插塑表征长城的经验,幼儿在建构造型方面比较得心应手,比如,他们运用长方形空心积木表征城墙,用正方形空心积木叠高并用盖板盖顶来表征烽火台。从外形看,幼儿本次建构的长城和现实中的长城相比已经形似了。

游戏中,幼儿的合作意识明显,他们会商量讨论,以合作的方式进行建构。当积木不够时,他们通过讨论调整方案,使活动得以继续进行。

万 里 长 城

教师组织幼儿把他们搭建的长城和图片上的长城进行对比,让他们说说发现了什么。

洋洋说:"我们搭的长城不够长。"

静静说:"我们的城墙上的石头太长了,图片上的石头是一块块错开来的。"

小雨说:"我们只有烽火台,没有垛口。"

洋洋说:"我们搭城墙的时候还应该留一点缝隙。"

凯凯说:"要选择同样厚的积木,要不搭出来的城墙就不牢固了。"

讨论后,孩子们撤掉之前的长城,用平板积木先在地上平铺表现长城弯曲的形状,然后用盖板测量距离(第一次建构获得的经验),搭了一堵与之平行的城墙,长城的雏形便呈现在眼前。然后,他们再拿来平板积木交错叠加搭建第二层,接着是第三层、第四层。孩子们小心翼翼地调整积木,使之更加稳固。城墙完成后,孩子们选择了小单元积木——小方块,轻手轻脚、合作有序地建构了一个个垛口。

接下来,采用第一次建构的方法搭建烽火台,不同的是在烽火台的最顶端增加了卫星观测系统(见图2-8-4),孩子们说有了这个系统就能很快地接收到附近的消息了。

图2-8-4

🔍 观察与分析

在把自己的作品与图片进行对比后,幼儿发现了两者不一样的地方,如城墙的结构、垛口的设置等。由此可见,幼儿的观察能力、比较能力进一步增强,并力求使建构作品接近被表征物。

建构技能的复杂化是大班幼儿的特点,他们已经不满足于基本的技能,而是向更复杂化的技能进行挑战。在建构城墙时,他们运用了交错叠高的方法,既稳固,又和长城的城墙结构更加接近。

大班幼儿的创造性明显增强。游戏中,幼儿在烽火台上搭建了一个卫星观测系统,表征了现代化的长城,这说明幼儿并不是在单纯地模仿建构,而是有自己的创意,搭建的是自己心目中独一无二的长城。

入口和出口

当烽火台完成后,洋洋提议在长城两端搭建入口和出口。他的提议遭到了其他小朋友的反对,他们说:"我们只是搭建了长城的一小段,长城那么长是看不到入口和出口的。"

后来在洋洋的提议下,大家同意搭建一个入口。入口处,他们先分别把两块空心积木叠高,使之相对,上面架上拱形积木,孩子们称它为里门;然后把圆柱形积木叠高,与烽火台高度相同,盖上盖板,上面隔空排列三块正方形空心积木,孩子们称它为外门(见图2-8-5)。

图 2-8-5

孩子们自豪地邀请其他班级的小朋友和家长来参观长城（见图2-8-6）。

图 2-8-6

🔍 观察与分析

现实中的长城一眼望不到边，所以当一名幼儿提出搭建入口和出口时，遭到了同伴的反对，这说明幼儿的建构行为和建构思维与他们的现实生活经验发生了碰撞。他们希望建构的作品既符合真实长城的一些特征，又具有一些创新。

他们对作品的整体造型有了更高的要求。比如，入口的两个门，里门运用了拱形，符合古代门的造型特点；外门运用了圆柱形积木，使之和里门的门柱有所区分；外门顶上运用正方形空心积木，和烽火台、垛口的风格一致，体现了造型的协调性，使作品看上去更为美观。

【游戏反思】

本次游戏主题源于幼儿的经验，是幼儿用小型插塑建构长城的延伸活动。当幼儿用小型插塑建构长城后，采用大型积木进行合作建构对他们来说是更高的挑战。通过建构大型的长城，幼儿的合作能力、建构能力、表征能力等都有所提升。

游戏中教师提供了充足的时间，让幼儿自由选择积木进行表征。第一次建构的作品呈现时,教师并没有否定幼儿,而是组织他们进行讨论,让幼儿自己发现问题。从尝试建构到进行对比到再建构的历程中,教师作为隐性的引导者推动了建构活动进行。

游戏中存在的不足主要表现在:

(1)在表现长城蜿蜒盘旋的形态时,教师应该有针对性地引导幼儿使用较短的平板积木。但是在建构中幼儿没有得到相应的引导,所以在转弯的造型上比较生硬,城墙难以达到整齐一致。

(2)后期的游戏氛围不浓。长城建构完成后,教师可以仿照其他建构游戏组织幼儿开展一些角色游戏。比如,请幼儿当小导游邀请其他幼儿来参观,或者组织打仗的游戏等,通过游戏的方式让幼儿感受建构游戏的趣味性,体验建构成功的成就感。

(本案例由潘红梅老师提供)

案例9 大班:埃菲尔铁塔

【主题由来】

学期初,教师在布置幼儿园环境时,在"建构大本营"里摆放了许多世界著名建筑物的模型、图片。幼儿一来园就被这些模型深深地吸引住了。"你认识这些吗?""我去过东方明珠塔,你去过吗?"幼儿时常谈论着此类话题。这不,今天的建构游戏开始前,他们又热烈地讨论起来。"今天我们搭凯旋门。""这个比凯旋门还漂亮,叫埃菲尔铁塔,妈妈说以后要带我去的。""那我们让大家投票,看看到底搭哪一个。"小奕和浩浩发起了投票。经过一番投票、数票,大多数幼儿赞同搭建埃菲尔铁塔。

【前期准备】

(1)材料准备:各种类型和形状的积木。

(2)经验准备:幼儿已经熟悉所有的积木材料,有多次搭建大型建筑物的经验。

【游戏历程】

铁塔底部

投票结果一出来,浩浩就带领小伙伴们动工了,他们根据模型开始搭建铁塔的底部。

"我们先搭四个脚吧。""好的,我去拿积木。"大家很迅速地用正方形的空心积木搭好了四个脚(每个脚用了两块重叠的方块搭建)。

"你看,这个模型的脚是斜的,不是这样直直的。"睿睿指着铁塔的模型说。

听他这么一说,孩子们都凑过来看。

"对的,是斜斜的。""我有办法,把上面这一块往里面推一下,像台阶一样,这样就斜斜的了。"司司说干就干。

"真的有点斜斜的了。"乐乐说。

"在上面叠几块小木块,这样就更像了。"乐乐和司司边商讨边搭建。

"这里要把四个角连起来……"有人提议道。

"去找最长的板。"司司叫了几个同伴一起去旁边的材料柜寻找。

"这些是最长的了,我们试一试。"恺恺搬来几块长板。

"稍微分开一点,这样放上去刚好。"恺恺很满意自己的调整。

"上面的这一块和下面的这一块是要分开一点的。"司司观察得很仔细。于是,在第二层与第三层连接板之间的四脚处,他们又叠放了两层小木板作为间隔。

接下来,要搭建四根向内倾斜的柱子了。他们利用搭四个底脚的方法,各用五块正方形的空心积木阶梯式推进叠高。到了关键的连接盖顶环节,孩子们发现,根本没有这么大的正方形木板可以使用。正当大家一筹莫展时,小宇似乎发现了什么,他大步走到小门外的平台,没一会儿就搬来了三块大纸板,说:"这些好像够大了,放上去看看。"

"哇,我们成功了!"不知谁喊了一声,现场顿时一片欢呼。

"底部跟模型比还不是特别像。"这时,教师以参观者的身份提出了疑问。

还沉浸在喜悦中的孩子们立马严肃起来,赶紧拿来模型比对。"好像是这里,两个脚中间有弯弯的拱形。"眼尖的司司说道。

"原来是这样啊,你的眼睛可真亮。"教师微笑着回应。

大家迅速扫描了一遍材料柜,没有收获。孩子们随即到小门外的平台寻找合适的替代性材料,这得益于刚才盖顶的成功经验。没一会儿工夫,司司、睿睿就和几个同伴一起从平台的一角搬来了四座塑料的拱形桥,把它们放在了四个底脚之间(见图2-9-1),说:"瞧,多像啊!"

图 2-9-1

🔍 观察与分析

建筑的美深深地吸引着幼儿!在此前,他们已经搭过东方明珠塔,已经具备一定的建构技能,所以并不需要教师过多的指导。他们会自己思考,会进行细致的观察,这也是他们突破难点的关键。

在底部封顶和搭建底座拱形时,幼儿利用了替代性材料。而寻找替代性材料的过程,亦是幼儿积极思考的过程。

铁 塔 中 部

"老师,我们要继续往上搭铁塔。"睿睿的搭建兴趣浓厚。

"好，搭得更高些。"教师给予积极的回应。

"我们赶快开始吧。"见同伴差不多都到齐了，睿睿赶忙招呼大家动手。

"中间这个方方的地方不是这样平平的，有好几层呢！"诺诺手拿模型，仔细观察着，又跑到图片处看。

"我们要再多搭几层。"于是，孩子们又采用铁塔底部横竖交错的口字型搭建方法加高了第四层平台。

"上面是细细的了。"姿姿转向睿睿说道。

"那就用小积木好了。"睿睿边说边拿了几块小的平板积木，司司、恺恺也帮着一起往上搭。

"可是上面越来越细，还要搭很高呢，我们这样搭不好看。"乐乐提出自己的看法。

"你说是不是不好？"为了争取一致的看法，乐乐急忙问旁边的小朋友，两个小朋友都点点头。乐乐更有底气了，说："我们拿掉重新搭吧。"于是，大家又将小平板积木撤下来。

不过大家一时不知道该怎么改进，有的看图片，有的摆弄材料，有的聚在一起商量着。时间一点点过去，大家还是没有主意。

"下面用另一种积木代替可以吗？"教师看着有点沮丧的睿睿说。

"可以搭得稍微大一点，再往上慢慢变小。""应该可以吧，嗯……"睿睿努力思考着。

"你可以和同伴一起试一试，看看用哪种积木更好。"教师鼓励睿睿积极尝试。睿睿顿时精神了起来，拉着同伴一起行动。

经过两三次尝试，孩子们最终选择用大弯曲积木作为铁塔中间部分的底座。使用包围叠高的方法，盖了三层，既美观又牢固。

"够高了，可以变小了。"乐乐围着看了一圈，发出指令。

"现在可以用刚才的平板积木搭了。"睿睿的话很有号召力，恺恺、司司熟练地用口字型搭建法继续往上搭。搭到第七层（见图2-9-2），两人都觉得差不多了，同时游戏时间也正好结束。

图 2-9-2

🔍 **观察与分析**

在建构铁塔中部时，幼儿细致观察的优点再次帮助他们更好地完成了活动。当幼儿发现作品不够完美时，能果断地将现有部分拆除，从中可以看出他们对待建构活动的认真态度，对他们来说这不仅是游戏，更是在创作作品。

尝试的过程是比较打击信心的，教师最初很担心幼儿会选择求助或直接放弃，但最终他们直面困难，使用大弯曲积木以包围叠高的方法搭建铁塔中间部分的底座，这也是本次搭建活动的亮点。

美丽的埃菲尔铁塔

"今天我们的铁塔一定可以完成了。"大家一来到"建构大本营"就显得很兴奋。

"上次我们搭到这里，现在可以再变小一点往上搭了。"恺恺对教师说。

孩子们都着急地走到材料柜前挑选材料，小的平板积木成了大家的不二之选。两块横放，两块竖放，就这样一层层交叉往上盖，共九层。最后，再用最小的平板积木用同样的方法搭三层就进入铁搭顶部搭建了。

"先放大一点的积木，最后放上细细尖尖的积木。"姿姿观察得很细致。她找来了一块正方形的空心积木，往上一放，正合适（见图 2-9-3）。

只剩下尖尖的塔顶了，这对幼儿来说并不难。他们把三块小号块状积木叠加，再放上细细的圆柱形积木。"哈哈，完成了！"大家的喜悦都挂在了脸上。

图 2-9-3

"还要再装饰一下。"睿睿就像一位小老师，思路清晰，追求完美。其他小朋友也兴致十足，你挑、我选、他来搭（见图 2-9-4），一番忙活之后，美丽的埃菲尔铁塔呈现在眼前（见图 2-9-5）。教师不由得赞叹："太美了！"孩子们也早已乐开了花。

图 2-9-4

图 2-9-5

🔍 观察与分析

收官阶段，幼儿的兴致越来越高，铁塔中上部面积由大到小的层次变化令人惊喜。幼儿能对建构物的细节进行装饰，注意建构物的美观，说明他们的创造性表现能力增强了。

同时，幼儿在游戏中学会了配合，体验到了合作的乐趣，更会发自内心地为别人的成功而高兴，这是他们在建构游戏中得到的特别的情感收获。

【游戏反思】

整个建构游戏主题从开始就是幼儿自主选择的，举手投票的方式是幼儿都乐意接受的，所以游戏中幼儿表现出积极的一面，从中可以看出游戏前期幼儿自主选择的重要性。

从场景描述中可以看出，教师在三次游戏中，没有过多的干预，只是在幼儿遇到困难时稍加引导，体现了教师正确的角色定位，从而将更多的思考空间留给幼儿，相信他们解决问题的能力。

"建构大本营"外的平台储放了很多不同类型的材料，这是一个绝好的"建构材料加油站"，就像小叮当的小口袋，激活了幼儿的表征思维，为他们解决困难提供了实质性的帮助，他们可以去那里寻找所需的一切。

游戏中存在的不足主要表现在：个别幼儿的积极性和主动性不够。虽然游戏过程中大部分幼儿是积极的、乐于表现的，但个别幼儿的状态并不是那么好，非常被动。后续教师以游戏者的身份参与游戏时，可以与这些孩子搭档建构，抓住一切机会让这些孩子在教师带领的小团队中发挥所长，逐步找回建构的信心。

（本案例由姜娴老师提供）

案例10　大班：我心目中的小学

【主题由来】

幼儿园组织了参观小学的社会实践活动，孩子们对小学充满了向往之情。回来后自由休息时间，他们纷纷讨论小学和幼儿园的不一样之处，比如，哥哥姐姐每人都有一个书桌；小学很大，有篮球场、教学楼，等等。从孩子们的话语中可以听出，他们对小学有了初步的印象。基于幼儿的经验和兴趣，教师引导幼儿建构"我心目中的小学"，引发他们对上小学的向往之情。

【前期准备】

（1）材料准备：空心大积木和单元积木，小学建筑图片若干。

（2）经验准备：幼儿事先参观过小学；建构活动前，引导幼儿制作"游戏计划书"，包括设计教学楼、升旗台、操场等。

【游戏历程】

不一样的小学教室

建构活动开始后，婷婷对子今说："我们来搭小学的教室吧！小学的教室和我们现在的教室不一样，每个哥哥姐姐都有一个自己的位置，而且桌子上放了很多学习用品。"她们两个一起搬了很多空心大积木来搭建小学的教室。

婷婷说："我们搭多少座位就够了呢？"

子今说："有好多排，他们都是两个人一桌坐着。"

她俩把两块空心积木作为一桌，搭了五排（见图2-10-1）。婷婷还在最前面的中间位置放了两块空心大积木，说："这是老师的讲台。"子今看了说："老师的讲台怎么和小朋友的桌子一样啊，老师的讲台要比小朋友的桌子大。"说完，她在最前面平铺了三块积木（见图2-10-2）。

图 2-10-1

图 2-10-2

这时，婷婷又提议："桌子有了，我们一起来搭椅子吧！"她俩用小方块和弯曲积木搭建椅子（见图 2-10-3）。婷婷说："我们用平板把教室围起来就更像了。"说完，两人就用长条形积木把教室围了起来（见图 2-10-4）。

图 2-10-3

图 2-10-4

观察与分析

空心大积木的体积大，又有立体感，将空心大积木组合表征教室里的课桌、讲台等物品，效果比较好。

在搭建过程中，幼儿根据"游戏计划书"上画的教室平面图，很快就将讲台、桌椅拼搭出来了，初步形成了小学教室的雏形。在表征课桌和讲台的时候，幼儿运用了自己的生活经验及细致的观察能力，通过感知长度表现了课桌和讲台的不同之处以及讲台的位置。

高大的教学楼

教室搭建好了,婷婷说:"上次我们去参观的小学有好多教室,房子有五六层楼那么高,比我们幼儿园的教室多多了。"

乐乐说:"对啊,教室旁边还是教室,还有卫生间呢!"

这时,婷婷看到了上次参观小学的照片说:"看,咱们说得没错,小学的教学楼一幢幢的可真多啊!这幢是科技馆,那幢是我们听课的教室。"

有个幼儿提议:"我们分工合作每组搭一幢教学楼怎么样?"

大家纷纷点头表示同意,着手搭建。子今想搭科技馆,她用长木板、圆柱形积木来表现科技馆,可是每次搭到第二层的时候就倒塌了。于是,她来寻求教师的帮助:"老师,我搭科技馆到第二层的时候老是倒。"教师说:"你看看科技馆的图片,它的柱子是怎么分布的?你可以怎么放?"子今仔细看了一下说:"哦,我明白了,原来板子下面柱子间的空当都是一样的。"说完,她便认真地搭建起来,这次终于成功了(见图2-10-5)。

图 2-10-5

这时,栋栋说:"没有楼梯怎么上教学楼?"大伙又开始动手搭建楼梯,他们选择大的长条形积木作为主材料,你一块我一块地慢慢往上放,可是楼梯搭建到一半就倒了。乐乐说:"我们应该一层一层地铺上去,每一层多放一块就可以了。"大家按照乐乐的方法成功地搭建了楼梯(见图2-10-6)。

图 2-10-6

🔍 观察与分析

从幼儿的交谈中可以看出，他们对小学的教学楼有一定的空间概念，知道教学楼是由一间一间的教室组成的，而且很高。在建构中，他们也会关注细节，如教学楼是连接起来的，教学楼是有楼梯的，等等。

由于幼儿的空间位置转换能力弱，所以在建构中出现很多问题，如搭建的作品零散、容易倒塌等。游戏中，幼儿通过商讨、合作、寻求教师的引导等，最终搭建成功。

小学校园真美丽

教学楼完成了，孩子们看着自己的建构作品讨论起来："小学的教学楼前面有一个很大的喷水池。""小学的校门可真大！""我还看到超级大的操场。""大哥哥们正在打篮球呢！""这就是哥哥姐姐们升国旗的地方。"……

之后，幼儿以教学楼为中心点，根据自己的发现和兴趣点开始装饰自己的校园。婷婷选择弯曲积木和雪花片，在教学楼的前面搭建了喷水池（见图 2-10-7）。而涛涛和小思对操场、篮球场比较感兴趣，选用了平板积木进行建构（见图 2-10-8）。

图 2-10-7　　　　　　　　　　　　图 2-10-8

教师说："孩子们，如果你们觉得积木材料不能表现自己的作品，我们的建构区还有很多其他的辅助材料，你们可以去试试！"孩子们听从老师的建议，选择辅助材料进行装饰，搭建了升旗台（见图2-10-9）、校门（见图2-10-10）等。

图 2-10-9　　　　　　　　　　　　图 2-10-10

观察与分析

搭建校园的幼儿根据自己的兴趣进行分工与合作，丰富校园的各个场景。在建构前，教师提供的图示支架帮助幼儿确定了校门、教学楼、操场的空间位置，幼儿则根据已有的生活经验进行表征建构。

幼儿还利用辅助材料丰富了搭建内容。比如，他们利用编织材料制作了形象的投篮架、电拉门等，为整个校园增添了色彩。

我去上学校

美丽的小学校园搭建好了（见图 2-10-11），孩子们体验到了成功的喜悦，他们开始体验快乐的小学生活。有的孩子在教室里选择自己喜欢的座位玩上课游戏，有的孩子则在篮球场上打篮球。可是新的问题出现了，座位太小，有些小朋友坐不进去；操场太小，也不适合很多人在上面打篮球。这时，有小朋友提议："我们可以把教室里的玩具小人拿来，让它们代替我们游戏。"大家一致赞同。

图 2-10-11

观察与分析

角色游戏是幼儿检视作品成功与否的最直接有效的方法。在游戏过程中他们感知到自己无法进入小学场景进行模拟游戏，便想到用玩具小人来代替自己进行游戏。幼儿根据自己的爱好选择了自己喜欢的玩具小人，扮演不同的角色，体验着小学的课堂、课间 10 分钟、操场上的快乐运动等。

【游戏反思】

整个建构活动都是基于幼儿参观小学的实践活动，符合幼儿当前的经验和兴趣，因此幼儿对本次建构活动表现出了很高的热情和积极性。幼儿对小学的建筑谈不上熟悉，所以"游戏计划书"、小学图片就成为幼儿建构的支撑点，帮助他们顺利完成建构。

由于游戏主题所涉及的内容比较多，教师引导幼儿通过同伴互助来解决困惑和建构难点。

游戏中存在的不足主要表现在：

（1）教师的语言指导限定了幼儿的思维。当幼儿提出搭建篮球架需要辅助材料时，教师的语言具有明确的指向性——利用编织材料进行装饰。其实，教师完全可以让幼儿自由寻找各种材料进行装饰。

（2）建构技能的指导过于直接。游戏中，教师在指导幼儿建构时告诉他们如何做，而不是启发他们怎样才能搭建成功。其实，教师完全可以将问题抛回给幼儿，如"你觉得哪里不像？""你觉得可以怎么做？"等，从而提高幼儿解决问题的能力。

（本案例由戴娜老师提供）

二、班级建构区游戏案例

案例 11　托班：和机器人做游戏

【主题由来】

周一来园，腾腾带来一个有趣的机器人玩具，那是爸爸刚给他买的生日礼物。晨间谈话时，教师鼓励腾腾将这个机器人玩具介绍给大家，告诉大家这个机器人是怎么玩的、有什么本领。

腾腾一听，迫不及待地打开了机器人的开关，只见机器人身上各种颜色的灯不停地闪烁，边唱儿歌边行走、后退。小朋友们有的拍手，有的哈哈大笑，还有的跟着机器人一起唱歌……看孩子们对机器人如此感兴趣，教师开始思考：是否可以此作为建构游戏主题呢？

【前期准备】

矿泉水瓶若干，大型纸箱机器人造型（见图 2-11-1）。

图 2-11-1

【游戏历程】

瓶子娃娃和机器人的游戏

孩子们一看到纸箱"机器人"就开心得不得了,拍着手跳着叫着:"机器人,机器人——"昊昊靠近机器人,把小手伸进这个洞洞里拿出来,又伸进那个洞洞里。其他小朋友看见了,也学着他的样子玩起来,笑声此起彼伏。

教师推出装满矿泉水瓶的塑料筐,对幼儿说:"瓶子娃娃来了,他们想和机器人做游戏,可以怎么玩呢?"

乐乐和婷婷首先跑过来拿起瓶子看了看。婷婷拿了一个瓶子,一手扶着机器人,一手把瓶子小心翼翼地插到了洞洞里。成功后,她大叫:"老师,看!"教师高兴地给婷婷鼓掌:"婷婷真棒,把瓶子娃娃插到机器人的洞洞里了。"婷婷开心地又插了起来(见图2-11-2)。

乐乐看到了,也把瓶子插进去,但过后又拔出来,反复玩着这个游戏。晨晨急得两只手各拿着一个瓶子,同时找到洞洞对齐一起塞进去(见图2-11-3)。

没过多久，孩子们就把机器人身上的洞洞都插满了矿泉水瓶。

图 2-11-2

图 2-11-3

观察与分析

材料是幼儿建构游戏的关键媒介。幼儿初见机器人时，并没有建构材料——瓶子，他们的反应是用小手开展游戏。这也充分说明托班幼儿处于典型的直觉行动思维阶段。

当瓶子"出场"后，幼儿的一致反应是将其插、塞到洞洞里，几个幼儿的动作表现各有特点：晨晨双手插瓶的行为表明其技能水平明显高于婷婷；乐乐反复插拔的行为说明他游戏的目的性不强，这跟托班幼儿的游戏行为特点——操作性练习是分不开的，他们对游戏的过程比较感兴趣，不关心游戏结果。

方形和毛毛虫

和机器人的游戏中，孩子们基本上都表现出反复插取的游戏倾向，而且他们总是以把所有的洞洞都插满为目的。插满以后就意味着游戏结束了，有部分孩子就不再那么兴致盎然了。

这一天，毛毛又来和机器人做游戏。她从中间的洞洞开始插，慢慢地往周边的洞洞扩散，但这次并没有把洞洞全都插满，而是让最外面的一圈空着（见图2-11-4）。教师看到后问道："这是什么形状呀？"旁边的小朋友听到了，也过来看。有的说："是方形。"有的说："方方的。"

教师及时表扬了毛毛:"洞洞不插满也很好玩,会变出一个方形来!"

这时,在机器人侧面玩的婷婷跑过来看了看,又回到原来的位置上,把其中一些瓶子抽掉(见图 2-11-5),然后拉着老师去看她的作品:"老师,看!"教师装出好奇的表情问她:"这是什么呀?"她想了想,说:"毛毛虫。"教师大叫:"婷婷做了两条长长的毛毛虫,太棒了!"婷婷开心地笑了。

图 2-11-4

图 2-11-5

🔍 观察与分析

在这个阶段,幼儿从一开始用手、用瓶子进行插、塞,继而过渡到把每个洞洞都插满。但这种游戏持续一段时间以后,幼儿的兴趣就逐渐减弱了。可见,幼儿参与游戏的兴趣经历了一个初见好奇—游戏高潮—转向低潮—兴趣消亡的过程。如若想提升幼儿的游戏水平,教师就要善于捕捉幼儿在游戏兴趣消亡前新的游戏发展点,引导幼儿向更高的游戏水平迈进,比如案例中幼儿用矿泉水瓶插图案,就可以是一个新的游戏生发点。

机器人变变变

之后,教师在建构区投放了一些图示(见图 2-11-6、图 2-11-7),引起了孩子们的好奇:"老师,这是什么啊?"于是,教师组织幼儿先对这些图示进行简单的认知和想象:"你们看这里,黄黄的一圈看上去像什么?这个呢,又像什么?""这个像蘑菇。""这是三角形。""这像一只小鸭子。"……孩子们积极地表达自己的想法。教师又追问道："我们让这些蘑菇、三角形、小鸭子变到机器人身上好不好？"孩子们异口同声说："好。"

图 2-11-6

图 2-11-7

游戏开始了，有的孩子拿着图片，独立地边看图片边把瓶子塞到洞洞里；有的孩子插好瓶子后，看看图片又拿掉了一些；还有一些孩子需要教师在旁边指导。过了一会儿，欣欣跑过来，拉着老师的手，一脸兴奋地说："老师，你来看看。"教师看着机器人身上的图案问道："这个是什么呀？"她高兴地说："蘑菇。"旁边的多多则说："像雨伞。"教师摸摸她们的头，说："你们两个说得真好，像蘑菇，也像雨伞。"最后，欣欣高兴地在自己的作品前留影（见图 2-11-8）。

图 2-11-8

实践篇

🔍 **观察与分析**

教师根据幼儿在上一环节游戏中的表现，设计了一些图示投放到活动中，让幼儿看图示插图案，这既能引发幼儿新的游戏兴趣，又能引导游戏向新的方向发展。

【游戏反思】

托班幼儿参与游戏活动的初衷十分纯粹，就是看游戏材料是否吸引他们。本案例中，教师基于幼儿对机器人的兴趣设置了一个机器人形象，让幼儿在机器人身上进行建构活动，这是本次游戏成功的一个重要因素。在引导托小班幼儿进行建构活动时，教师可从活动形式、游戏材料等多个方面去激发幼儿的参与兴趣。

相比对中大班幼儿建构活动的指导，本案例中，教师参与的时间和次数是比较多的。其原因是托班幼儿各方面能力较弱，他们更依赖于和教师互动，在建构完成后也更希望获得教师的表扬和肯定。教师在参与幼儿游戏的过程中可根据幼儿的年龄特点做适当的调整，既要发挥幼儿在游戏中的主体性，也要发挥教师在游戏中的引导作用。

教师对托小班幼儿游戏情绪的观察与了解是决定游戏内容是否丰富、生动并能否深入的关键。本案例中，教师正是敏锐地发现幼儿不愿意玩了，继而借鉴游戏中某个幼儿的游戏行为，拓展了游戏情节，助推了游戏发展。

（本案例由江亚老师提供）

案例 12　小班：火车开来了

【主题由来】

"开火车啦！"伴随着教师的口令，孩子们一个跟着一个拉着衣服出发了。"开火车"是刚入园的幼儿最喜欢的游戏，特别是男孩子，不光喜欢一个跟着一个走，就连就座的时候也喜欢玩这个游戏。于是，建构区的"火车开来了"活动就这样诞生了。

【前期准备】

（1）材料准备：各种木质彩色积木（见图2-12-1—图2-12-6）

（2）经验准备：幼儿玩过"开火车"的游戏，对火车有一定的了解。

图2-12-1

图2-12-2

图2-12-3

图2-12-4

图2-12-5

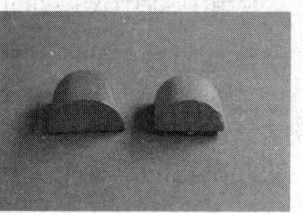

图2-12-6

【游戏历程】

我的火车开来了

阳阳来到建构区说："我要开火车了。"说完，他拿起长方形积木排起来，排了五块后，又拿了圆柱形积木、正方形积木一块接着一块往下排。结果，整列火车什么形状的积木都有。

阳阳搭的火车将建构区围了一个小圈，引来其他孩子的观望，大家讨论起来。

馨馨说："这个不像火车，像一条长长的路。"

朵朵说："像火车，火车就是很长很长的。"

彤彤说："有点像，又有点不像。火车的车厢是一节一节的，每节都是一样的。"

阳阳听了大家的讨论，似乎有了新的想法。他将积木推倒，然后找到同一种规格的积木来搭建（见图2-12-7），不一会儿，他的新火车就搭成了。

图2-12-7

形形对此也很感兴趣，她指着图片上的火车对阳阳说："我们一起搭一列大大的火车吧。"

阳阳点点头，两个小伙伴一起行动开了。

搭了一会儿后，形形说："火车车头上是有烟囱的，我们给它加个烟囱吧。"于是，阳阳拿了块正方形的积木搭在车头上。

形形见了说："不对，烟囱是圆圆的。"说完，她拿了一块圆柱形积木放上去。

阳阳开心地说："我们的火车搭好了，太棒了！"

形形似乎还不满意，说："我们再让火车装点东西吧！"

阳阳马上表示支持说："好的。"他们分别拿了圆柱形积木和正方形积木在车厢上堆叠，其中一节车厢上叠了好几层高（图2-12-8）。

看着自己的作品，两个小朋友显得很开心（见图2-12-9）。

图 2-12-8

图 2-12-9

🔍 **观察与分析**

小班幼儿的兴趣特别容易受到他人的影响,看到阳阳的火车搭建成功,彤彤也被吸引过来了,由此延伸出合作搭建火车的活动。

从两名幼儿的搭建过程来看,他们的平铺、延伸技能掌握得较好,手眼协调及小肌肉控制能力也发展得不错。而且,他们能迁移自己的生活经验到游戏中。比如,他们知道火车是长长的,就用积木的延伸表现火车的长度;知道烟囱是圆的,就选用圆柱形积木作烟囱。由此可见,他们已经具备初步的表征能力。

让火车开在轨道上吧

在建构区的其他小朋友都觉得阳阳和彤彤搭建的火车很漂亮。不过,航航提出了疑问:"火车是在轨道上开的,没有轨道,火车怎么开呢?"

"轨道是什么样的?"几个孩子七嘴八舌地讨论起来。

彤彤听了大家的讨论后,先选择长条形积木沿着火车的一侧铺了一段,又在火车的另外一侧用同样的方法搭建,直到围成一个环形的轨道圈(见图 2-12-10、图 2-12-11)。

搭完后,她拉着教师的手说:"老师,我的火车开起来了。瞧,这是它的轨道。"

图 2-12-10

图 2-12-11

教师看后说："嗯，真不错！不过，如果火车能开在轨道上面就更好了。"

彤彤重复了一遍："开在轨道上面。"

阳阳看了后，说："我有办法了。"他拿起一块长条形的积木，架在两边的积木上（见图 2-12-12）。

彤彤看后马上明白了，迅速行动起来（见图 2-12-13）。不一会儿，火车和轨道都完成了，彤彤高兴地大叫："快来看，我的火车开起来了。"

图 2-12-12

图 2-12-13

🔍 观察与分析

很多小班幼儿可能在电视上或者通过其他媒介见过火车，但是在现实生活中没有接触过真正的火车，更没有坐过火车，所以铺设铁轨对他们而言具有挑战性。当航航提出火车要开在轨道上时，彤彤先是根据自己的经验，在两边增加轨道；之后教师的建议又引发了她的思考，最后在同伴阳阳的提醒下，彤彤用架空的方法完成了轨道搭建。

由此可见，幼儿已经初步具备认识问题、解决问题的能力。从搭建好的轨道来看，幼儿的表征能力再次得到了提升。

火 车 站

火车和轨道完成了，璐璐说："火车晚上要回家的，我们一起给火车搭个家吧！"她的提议得到了大家的响应。

彤彤说："我去过火车站，那里就是停火车的地方。"

"那我们一起来搭个火车站吧！"阳阳说。

璐璐拿了些积木搭房子，阳阳则搭起椅子来。垫子上一下子就铺满了积木。

这时，教师拿来一张宁波火车站的图片，和幼儿一起观察。很快，孩子们有了新的想法：大家把璐璐搭的房子和阳阳建的椅子结合起来，居然搭建了一间火车站的候车室（见图2-12-14）。

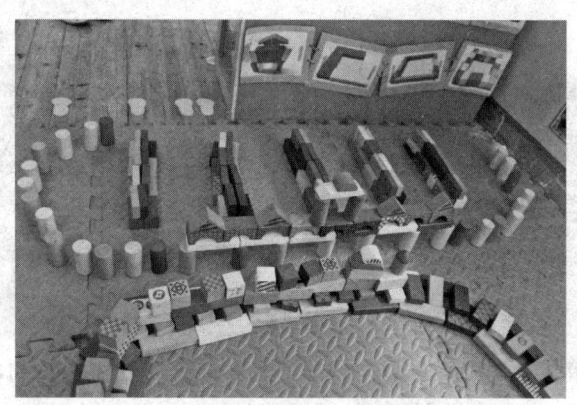

图2-12-14

彤彤说："可是这样火车还是没地方住啊。我上次看《托马斯和他的朋友们》的时候，火车都是有家住的。"

于是，教师把《托马斯和他的朋友们》一书拿过来，大家一起看。

孩子们看后又有了新的想法，彤彤拿起积木搭起房子来，不一会儿，火车房就搭好了（见图2-12-15）。

图 2-12-15

璐璐、阳阳也分别给火车搭了火车房，就这样一座拥有火车房、候车室、环形轨道的火车站建好了（见图 2-12-16、图 2-12-17）。

图 2-12-16

图 2-12-17

🔍 观察与分析

幼儿的建构活动与他们的生活经验息息相关。因为璐璐去过火车站，所以游戏中萌发了为火车造家的想法。同时，在建构活动中，小班幼儿往往满足于同一动作的不断重复。案例中，两个幼儿瞬间用积木将建构区铺满就很好地印证了这一点。

小班幼儿的搭建行为在许多时候呈现非目的性的特点。比如案例中，璐璐和阳阳的建构活动是各自独立的，但在最后自然地融合在一起——璐璐的房子和阳阳的椅子变身为候车室。

【游戏反思】

本次搭建活动的主题是幼儿自主决定的。幼儿从自我经验出发,表现火车、轨道、火车站等。

搭建火车站的时候,幼儿的想法是不一致的。有的幼儿去过火车站,于是按照印象里的实物搭建;有的幼儿则是根据动画片里看到的形象搭建。教师没有过多干预,只是及时提供图书、图片等给幼儿参考,试着让幼儿根据自己的想法进行建构,而最后的作品给大家带来了许多的惊喜。由此可见,针对小班幼儿,搭什么以及怎么搭,还是应该放手让他们自己决定,这样他们搭建的积极性会很高,也会非常投入。

由于教师的支持有所欠缺,游戏中还存在一些不足,主要表现在:火车的造型有待加强。幼儿搭建的火车,除了"长"这一明显特征,其他的特征表现得都不明显,这也跟小班幼儿的生活经验缺乏、观察不细致有关,因此教师可以适当地通过各种不同的绘本、火车模型等,帮助幼儿建构更多的关于火车的经验。此外,本次游戏中,因为幼儿的关注点在轨道、候车室、火车站等方面,反而对火车本身的关注较少,甚至没有人提出来火车没有车轮怎么行驶。因此,教师可以通过拓展幼儿的火车认知经验,隐性支持他们的后续搭建行为。

（本案例由赵俊老师提供）

案例 13　小班：城里的桥

【主题由来】

一次晨间谈话时,孩子们讲到了幼儿园前面的桥,个个兴致勃勃。思思说:"桥是长长的。"天一说:"桥有上去、下来的面（桥的坡面）。"可乐说:"桥上可以开汽车。"看到幼儿如此感兴趣,教师找了一些关于桥的图片布置在主题墙上。幼儿时不时地看着这些图片交流,这种状况持续了一周时间。

之后，在一次自主建构游戏中，教师发现有两名幼儿在"造桥"。建构游戏主题由此产生。

【前期准备】

（1）材料准备：各种饮料罐和薯片罐，各种形状的 KT 板（长方形、正方形、三角形、六边形、拱形）。

（2）经验准备：幼儿观察过各种桥的图片。

【游戏历程】

直直的桥

下午的建构游戏区里，思思和天一用罐子和纸板造起了桥。

思思在材料箱里选择了牛奶罐和长方形纸板。在她的带动下，天一也选择了同样的材料。

思思一开始是将两个牛奶罐随意地一放，然后盖上一块纸板。结果，只重复了两次就遇到了困难。原来，两个罐子之间的距离过长，纸板盖不住了。思思把其中一个罐子往里挪了挪，然后盖上纸板。等到了第七块纸板的时候，同样的问题又发生了：纸板盖不住。于是，思思又将其中一个罐子往里挪，完成盖板。

同一时间里，天一在思思的对面，模仿着思思的动作（见图 2-13-1）。

图 2-13-1

不久,两座直直的桥出现了。思思高声说:"看,我们的桥!"

思思和天一的游戏引来了其他孩子的围观。诺诺来到思思身边,好奇地问:"这是一条路吗?""不是,是桥,我搭的。"思思急忙说道,并且拿起了其中两块纸板,让诺诺向下看:"你看,路是平平的,我这个是桥。"

亦哲看了一会儿,也去取了材料,在离思思和天一不远处,搭建了横向、纵向两座桥(见图2-13-2)。

图 2-13-2

🔍 观察与分析

因为有了前一周关于桥的话题的讨论以及教师提供的图片信息,两个女孩主动搭建起了桥。思思在整个建构活动中起主导的作用,而天一则是追随者。

建构中主要运用了架空的技能,看得出两个女孩的精细动作发展得都比较好。思思对桥有自己的认识,当诺诺质疑是条路的时候,思思首先用语言回应是桥,接着又拿起盖板,示意诺诺看下面的罐子——桥是有桥墩的。但思思的语言表达能力有限,只是一再强调"路是平平的",即路是没有墩子的,用了"反证"的手法来说明自己的建构物。

搭建过程中,思思两次遇到同样的问题,再现了小班幼儿的思维是直觉行动思维。当她第一次因为两个罐子距离过远,导致无法盖板时,采取了将其中一个挪动的方法,但这次的"意外"并没有让她意识到:

放罐子时两个之间的距离合适才能顺利盖板。所以，到了后续的建构中，同样的问题又出现了。可见，对于小班的幼儿而言，"动作性"是第一位的。

有斜坡的桥

建构到中途的时候，亦哲似乎意识到了什么，他停下手中的动作，来到了建构区的图片展示角，对着其中一张图片看了许久。看完回来，他将原先搭的三块纸板下面的四个罐子拿掉，让其中两块纸板的另一端斜放在地上，中间一块纸板平铺在地上（见图2-13-3）。

月月看到了，提醒他说："你的桥倒了！"亦哲很肯定地说："不是倒了，是车子、人都要走下来的！"原来，他想表达桥的坡面。"对啊，我也要这样做！"月月也行动了起来，她拿掉了好几个罐子，把那部分桥面变成了坡面（见图2-13-4）。

图2-13-3

图2-13-4

🔍 观察与分析

亦哲在建构过程中的停顿表现了他力求接近建构物实物的倾向。在他向同伴表达了自己对桥的理解后，同伴也认同并接纳了他的做法，他们对于"桥有坡面"达成了共识。

有趣的是，在教师看来孩子们用那么多罐子、纸板建构起来的是一座桥，对幼儿而言却并不是这样。月月在自己原先建构的长长的桥面下拿掉了好几个罐子,做了好几个有上下坡的桥面,表明幼儿理解的一座桥就是两个罐子加一块纸板,长长的一条其实是由好多座桥组成的。

能转弯的桥

长长的桥似乎搭建不下去了,因为已经快到茶水箱的位置了。妞妞看了看自己的桥和别人的桥,突然冒出一句:"我们让桥转弯吧,这样可以把我的桥和你的桥连起来!"

妞妞取了罐子放在转弯处,再盖上一块直板,成功了。

可妞妞自己似乎并不满意,她来到材料区,挑了半圆形弯曲和三角形纸板分别做了尝试,最后留下半圆形弯曲作为转角处的连接(见图2-13-5)。

图 2-13-5

期间,思思无意中发现,罐子的高度不同,居然也可以搭建斜面。发现了这个秘密后,她显得很兴奋,迫不及待地告诉身边的同伴。在她的带动下,孩子们用薯片罐替代了部分牛奶罐,错落有致的桥面出现了(见图2-13-6)。

图 2-13-6

🔍 观察与分析

受到空间的限制，原来一直热衷搭建直桥的幼儿萌生了要让桥转向的念头。在这期间，妞妞做了大量的尝试，以求取得令自己满意的效果。选择、实验，调整、再实验，在一次次的尝试中，幼儿的思维在不断跳动，幼儿的心智在不断发展。

幼儿在用半圆形弯曲进行桥面转向连接的过程中，无意间发现罐子的高度不同，也可以搭建桥的斜面。这无意间的发现使幼儿的游戏又产生新的内容，他们对原有的桥进行改造，出现具有高低差的桥面。可见，低龄幼儿的建构内容和建构意愿是随着游戏的进程不时变化的。

一起开汽车喽

"老师快看，我们的桥搭好了，我们可以开汽车啦！"

班级里没有玩具小汽车，在老师的鼓励下，孩子们从托班的弟弟妹妹处借来了玩具小汽车，开始玩起了汽车游戏（见图2-13-7）。思思专门挑有上坡、下坡的桥面玩；月月则将车放到高处，然后让小汽车自己滑下来；亦哲的玩法更特别，他用后面的一辆车顶着前面的一辆车，还不时地配合着发出"滴滴"的喇叭声。

图 2-13-7

【游戏反思】

本案例中，由于幼儿的建构是无计划的，因此，对于他们最终会建构出怎样的桥，教师没有明确的预期。值得肯定的是，教师在材料准备上还是考虑得较为充分的。

首先，材料既环保又好用，而且出于安全考虑，教师在牛奶罐的开口处贴上了胶带，防止幼儿在游戏过程中划伤手，反映了教师工作的细致。

其次，有别于配置许多同一型号罐子的一般做法，教师为幼儿提供了高、中、低三种不同高度的罐子，这也为后来幼儿利用这个差异性建构出错落有致的桥面打下了基础。

最后，教师在纸板的配备上是比较用心的，投放了多种形状各异的纸板，为幼儿游戏内容的多样性提供了选择。妞妞的桥从一开的直角转弯到后来的弯曲转弯，就是很好的体现。

活动中的不足主要表现在：纸板的质地可能会妨碍幼儿的游戏。因为教师提供的纸板是 KT 板，相对较轻，在幼儿玩开汽车游戏时，这个弱点就暴露出来了——小塑料车开在上面没问题，但如果是重量大的铁质车，纸板就会被掀翻，导致幼儿的游戏兴致减弱。建议教师改用质地厚、承重力大的纸板。

此外，因为游戏的最后出现了"汽车"的元素，在后续的游戏中，教师可以再投放其他类型的材料，引导幼儿建构停车场、加油站等，拓展游戏内容，使游戏主题更加丰富。

（本案例由邵爱红老师提供）

案例 14　中班：小红帽历险记

【主题由来】

故事时间到了，教师给幼儿讲了《小红帽》的故事。当故事讲到大灰狼把外婆吃掉的时候，孩子们发出了"啊"的叫声，纷纷说："大灰狼太坏了，我要把它抓起来。""小红帽真可怜呀！"他们深深地被故事情节吸引着。

彼时，教师正在班级里尝试用故事情节激发幼儿的建构热情。幼儿对《小红帽》故事的沉迷恰好提供了契机，建构主题就此诞生。

【前期准备】

（1）材料准备：单个麻将（见图 2-14-1）、组合麻将（见图 2-14-2）、故事相关图片（见图 2-14-3）、"小红帽历险记"路线图（见图 2-14-4）。

（2）经验准备：幼儿已经熟悉《小红帽》的故事情节。

图 2-14-1　单个麻将

图 2-14-2　组合麻将

 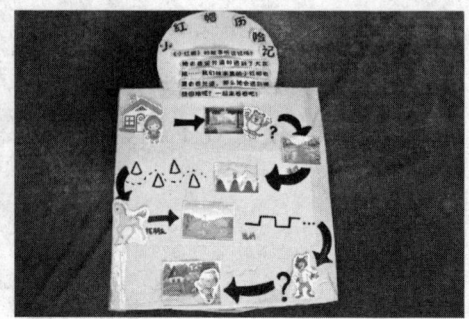

图 2-14-3　　　　　　　　　　　图 2-14-4

【游戏历程】

老师，我的笼子搭好了

自主游戏的音乐响起来了，孩子们进入建构区游戏。他们先将地垫一块块地铺好，然后将麻将搬过来放在垫子旁。今天是孩子们第一次以"小红帽历险记"为主题进行建构游戏，他们很兴奋。桐桐说："我要帮助小红帽建小桥！"轩轩说："我要帮助小红帽铺小路！"乐乐说："我要把大灰狼关起来！""那你要搭什么呢？"教师问乐乐。乐乐大声地回答："当然是搭个笼子啦！"

乐乐先去拿了一些蓝色的单个麻将，将麻将一块块竖起来围着大灰狼合成了一个方形。接着搭第二层，可是就在他摆第二块的时候，笼子倒了（见图 2-14-5）。乐乐有点不开心了，他小声地对教师说："老师，我的笼子倒了！""是怎么回事呢？"教师和乐乐蹲下来研究起来。"乐乐，你看看麻将的每一面有什么不一样的地方。""这两面大一点，这两面小一点。"乐乐用手比画着。"那你觉得用哪一面造笼子会更稳呢？""是这一面，哦，我知道了！"乐乐指着面积大的一面说。他开始把麻将一块块横放，不一会儿便围成了一个方形，接着是第二层、第三层（见图 2-14-6）。乐乐搭建得很开心，他仰起头说："老师，我的笼子搭好了，我把大灰狼关起来了！"这时，大灰狼的身体和头部还明显地露在外面呢！

实践篇

图 2-14-5　　　　　　　　　　　　　图 2-14-6

🔍 **观察与分析**

因为有了故事情节的支撑，幼儿对搭建活动充满了兴趣。不同的幼儿有不同的选择倾向，有选择铺路的，有选择架桥的，有选择搭笼子的。实际上，不同的故事情节正蕴含了不同的建构技能，铺路对应的是平铺和延长，架桥对应的是架空，搭笼子对应的是围合。只是在故事情境中，这些技能被自然地融合其中。

乐乐在搭笼子时遇到了挑战。麻将牌横立面和纵立面触地面积有大小，一开始因为乐乐用纵立面进行多层围合，导致麻将不稳倒了，这也表现出他在建构初期不能细致观察材料、拿来就搭的特点。在教师的建议下，乐乐学会观察材料的不同面，调整了自己的建构行为，最终成功建起了三层围墙，表现了他良好的坚持性和小肌肉控制能力。

你的大灰狼逃出来啦

又到了区域活动时间，乐乐走到了"大灰狼"图示区域旁边坐下来继续搭笼子。有了上一次的经验，他这次很快地就将麻将叠起来，不一会儿四层围墙搭好了。

"你看，这是我搭的笼子。"乐乐对在他旁边也在搭笼子的天天说。天天上下看了看，对乐乐说："你的笼子太低啦，你看大灰狼的头还在外面呢！还有，笼子要有门的，你知道吗？"天天边说边加入了乐乐的活动中。两个人你一块我一块，很快就把笼子建得高高的。"门怎么办呢？"乐乐和天天开始想办法造门，乐乐说："在这里拿掉一块，不就是个门了吗？"说完，他就在笼子的中间抽出了一块麻将（见图2-14-7）。这时，只见笼子"砰"的一声倒了。天天着急地叫起来："老师，乐乐把笼子弄倒了！"

图2-14-7

教师在一旁对天天说："别急，想想笼子为什么会倒。"天天和乐乐回忆刚才的情景，最终明白是因为从笼子中间抽掉麻将导致的。

这回他们改变了方法，在围合第一层时便留出了门的位置，就这样一层层往上搭，当搭到第三层的时候，天天说："好了，门够大了，不要再搭了，不然要倒啦！"他们在组合麻将里翻来找去，想寻找一块能将门的上面封起来的东西，乐乐拿起一块长条形的组合麻将，放在了门的上面，发现刚刚好！两个小伙伴看了看对方，开心地继续往上搭（见图2-14-8）。笼子建得又高大又漂亮！他们认真地欣赏着，天天说："笼子的门还没有关上呢，大灰狼要跑出来的！"乐乐拿了一块麻将竖放在门里。俩人兴奋地让教师赶紧来看。胡一轩说道："乐乐，你的大灰狼逃出来啦！"只见他手里正拿着刚刚被关在笼子里的大灰狼！"你的笼子都没顶，怎么关住大灰狼啊？"乐乐有点儿生气，他一把抢下大灰狼，重新把它关进笼子里。

实践篇

图 2-14-8

🔍 **观察与分析**

幼儿将麻将围成圈一层一层往上叠，动作熟练，说明他们已掌握了叠高和围合的技能。在建构中，同伴的介入让笼子的建造能继续下去，通过两人的合作，笼子被建得高高的。

门是本次建构中的一个难点，幼儿一开始想抽出一块麻将，用一个洞来表征一扇门，但是失败了。最后，他们使用组合长条麻将才将门建构出来。这里，幼儿运用了架空的技能。

在欣赏自己成果的同时，一名幼儿发现门是开着的，于是用一块单个麻将将门关了起来。这也说明，在建构的过程中，幼儿的自主比较、思考能力有了很大的进步。

我们的笼子漂亮吧

乐乐将大灰狼重新关进笼子里，和天天商量起来："笼子没有屋顶不行，大灰狼会逃出来！"天天边点头边附和："是的，是的。"可是，笼子的屋顶该怎么搭呢？这可把两人给难倒了。

"老师，屋顶要怎么搭啊？"天天跑到教师面前寻求帮助。"你想一想，我们住的房子的屋顶是什么样的呢？"两人歪着脑袋想了想，乐乐叫起来："哦，我知道了，我们先用这块麻将试试看！"说着，他拿起单个麻将，将其一半与顶层麻将接触，一般悬空在中间，结果乐乐刚把手放下，麻将就掉了下去。

这时，天天好像明白了乐乐的做法，对乐乐说："这块麻将太小了，得找块大一点、长一点的麻将。"于是，两人在盛放组合麻将的筐里来回寻找，结果发现Z字形的组合麻将不稳固，双倍直条麻将又太短了……"这块应该可以了！"天天拿着8倍直条麻将盖在了顶层上。"乐乐，你看，可以盖住了！"天天兴奋地叫道。两人找了几块8倍直条组合麻将，很快将屋顶封好了（见图2-14-9）。"哈哈，这下大灰狼就不会逃走了！"乐乐开心地说道。天天又找了一块三角形组合麻将，放在屋顶上（见图2-14-10），笑眯眯地说："这样是不是更漂亮了呀？"之后，两个小家伙跑到教师面前说："老师，快去看看我们的笼子，可漂亮啦！"

图 2-14-9　　　　　　　　　　图 2-14-10

观察与分析

上述案例中，两名幼儿在相互商量、相互合作、不断尝试中，最终找到了能盖住屋顶的材料，掌握了封顶这一技能。

在盖屋顶的过程中，幼儿得到教师的指引，能很快地联想到自己平时居住的房子的屋顶的样子，并迅速地进行建构，这说明幼儿的表征能力有了很大的提高。寻找封屋顶材料的环节，幼儿一开始尝试的是单个麻将，当发现不行时，便自主寻找组合麻将进行材料的转换，通过一次次不断尝试，最终确定了使用8倍的直条组合麻将。幼儿从一开始对材料的粗心到此时的仔细观察、对比，有了很大的进步。

最后,一名幼儿将一块三角形的组合麻将放在了屋顶上,说明幼儿更关注所建构物体的美观性了。

小红帽,出发啦

"成功啦,我们帮小红帽铺好路、搭好桥了,她可以出发了!"桐桐开心地说。"要不我们来做小红帽吧,我做姐姐,你做妹妹。"欣如建议。于是,两个孩子开始玩"小红帽历险记"的游戏。姐姐还找来了两个小篮子,说:"我们得给外婆带点吃的去!""对,带点饼干吧!"妹妹拿起放在箩筐里的麻将放在篮子里。"好啦,够了。"姐妹俩走过了小路,来到了"森林"里,里面有只大老虎,妹妹吓得不敢往前走。"妹妹,别怕,大老虎已经被关在笼子里了(见图2-14-11),它不会吃我们的!"姐姐安慰说。

两个人走过了窄窄的独木桥,绕过了崎岖的山路,走过弯曲的小桥,最后遇到了大灰狼。"姐姐你看,是一只大灰狼,它要吃了我们的!"妹妹又害怕了!"哈哈,别怕,大灰狼已经被我打败了,关在了笼子里,再也不会逃出来了!"天天在一旁说。姐姐问:"你是谁?""我是很厉害的猎人,我把大灰狼打败了!"天天骄傲地说。姐妹俩谢过猎人后继续出发,很快到达了外婆家。"外婆,我们来看你啦!"姐妹俩喊道。"小红帽历险记"游戏结束啦!

图2-14-11

【游戏反思】

本次的建构游戏主题"小红帽历险记"选自幼儿十分熟悉的故事《小红帽》,并由幼儿自己改编成了一个全新的故事,让幼儿真正成为自己游戏的主人。建构中,教师创设了丰富的情境,营造了情境式的游戏氛围,以激发幼儿建构的兴趣。教师始终是观察者和引导者,细心地观察幼儿的行为,不轻易介入幼儿的自主活动。活动中,教师将问题反抛给幼儿,让他们自己想办法解决。事实证明,幼儿能通过自己的思考尝试解决问题,并能做到举一反三。

活动中存在的不足主要表现在:

(1)幼儿关于笼子、桥、小路的经验不足,造型单一。在活动中,幼儿出现的问题不是偶然的,是由于对相关事物的经验不足造成的。教师应多提供支持性支架,比如提供不同造型笼子的图片,让幼儿认识笼子的多种形状;也可以请幼儿自己来设计笼子,那么他们建构出来的笼子会更加地多样化。在活动的前期准备中,幼儿不仅要对故事情节有所了解,也要对故事中所要建构的对象有一定的认识,如桥、小路、山路、笼子等。

(2)幼儿之间的合作较少。从幼儿的建构过程来看,他们在建构时比较独立,不会主动和同伴协商、合作完成,只在个别幼儿身上能看到互助的意识。因此,在建构中,教师应引导幼儿尝试与同伴合作建构,在遇到难题时可向同伴求助,与同伴商量解决。

(本案例由赵红燕老师提供)

案例 15　中班:魔幻森林

【主题由来】

两名幼儿在美工区做游戏,其中蔚蔚装饰着纸杯,轩轩则拿着纸杯一个接着一个往上重叠着玩。看到有同伴过来,轩轩就说:"用纸杯套来套去很好玩。"又过了一会儿，教师发现轩轩已经将纸杯叠得很高了，同时与他一起玩纸杯游戏的还有另外两名幼儿。他们的神情非常专注，连老师来到他们身边都没有发现。

可否依循幼儿的兴趣点，让纸杯成为班级独有的建构游戏材料呢？纸杯在生活中容易收集，收纳起来又不占空间，是幼儿绝佳的建构游戏材料。

【前期准备】

（1）材料准备：各种纸质杯子（见图2-15-1）。

（2）经验准备：幼儿有纸杯建构的经验。

图2-15-1

【游戏历程】

这条小路通向哪儿呢

游戏时间到了，孩子们一起把箩筐拉到教室中间。锋锋把杯子一个一个排起来，天羽看到锋锋这么排列杯子，也学着拿出箩筐中的杯子排起来。轩轩则拿起一摞杯子坐到角落，杯底朝上一个一个围起来。过了一会儿，他跑过来告诉蔚蔚："我的城堡搭好了，你快来看看。"蔚蔚走到前面一看说："这么小的城堡，王子和公主怎么进去呢？"（见图2-15-2）轩轩想了一会儿，说："那我再建个大一点的。"

奕哲在搭一面尖尖的三角形的墙,他跑过去对依伊说:"快来看,你看我搭的这面墙,很高吧?"依伊惊叹道:"哇,太高了!"(见图2-15-3)奕哲说:"不过,要变成城堡还要再搭几面墙围起来。"

图2-15-2　　　　　　　　　　图2-15-3

蔚蔚把纸杯一个接一个地排了起来,弯弯曲曲的(见图2-15-4)。佳佳看到立刻问道:"这条小路通向什么地方呀?""娇娇那里。"蔚蔚说道。轩轩说:"可以通到我这里来。"在轩轩的提醒下,蔚蔚将"路"通向了其他小朋友搭的"城堡"。

图2-15-4

🔍 **观察与分析**

幼儿对玩纸杯比较感兴趣,会根据自己的想法操作。不同的幼儿表现出不同的游戏水平:有的幼儿是将纸杯一个接一个横向延长;有的幼

儿则将杯子叠起来，但是只是同一面朝下叠，说明幼儿虽然有叠高的意识，但只限于重叠，不是真正意义上的架空叠高；还有的幼儿没有自己的想法，只对模仿他人的动作感兴趣。

本次游戏中，多数幼儿都是独自叠搭，没有合作，没有交集，只有轩轩主动发起交往："你可以通到我这里来！"这说明，现阶段的幼儿尚处于对纸杯进行探索的阶段。

一面两面围城墙

蔚蔚铺的纸杯小路一直通向了门口。奕哲在一旁把蔚蔚的一段纸杯小路往上叠起来，没过一会儿就变成了一面外凸的墙。他很高兴，到处请小朋友来看他搭的墙。

轩轩走到奕哲面前，指着纸杯墙问道："这是什么呀？"（见图 2-15-5）奕哲回答道："这是城堡的城墙，这样坏人就不会进来了。"之后，奕哲在已经搭好的城墙前又搭了一面高高的城墙，虽然倒了很多次，但他一直在往上搭着。

游戏最后，教师向幼儿征集作品的名称，曦曦命名的"魔幻森林"得到了大家的认同。

图 2-15-5

🔍 观察与分析

经过上一次的游戏，幼儿的架空叠高的技能得到了快速发展。同时，幼儿已经开始有意识地"掌控"墙体的变化。比如，一名幼儿在有圆弧的纸杯上叠高，发现叠高后的墙体也是呈现圆弧形的，于是他习得了这样的经验：底层的纸杯形态决定了叠高后墙体的形态。幼儿虽然没有办法用精准的语言来描述，但在后续的建构行为中明显地表现了这一点。此外，幼儿在活动中表现出良好的图形感知能力，尤其在摆"心形"图案时，对于"对称"掌握得非常好。

为什么总是倒下来

今天的纸杯游戏，孩子们提出还想继续玩"魔幻森林"。

轩轩的一面墙搭得很高了，他高兴地跳起来。突然墙一侧的杯子倒了下来，他拿起散落的杯子重新搭，很快又变回原来的样子，可是正当他转身去拿杯子继续往上搭时，搭好的纸杯墙又倒了。他皱起眉头，有点不开心地说道："怎么又倒了，我搭得累死了！"锋锋走过来说："我来帮你一起搭吧。"说完，两个人搭了起来，结果这次纸杯墙没有倒。轩轩奇怪地问道："为什么我刚才搭的那么容易就倒了呢？"锋锋说："你看，下面的杯子要靠得紧紧的才不会倒下来。"说完，两个人一起继续搭建。

锋锋发现这面墙的另外一边还是空的，问道："这边怎么都空着呢？你不往上搭吗？"轩轩说："我先把这边搭好，再搭另外一边。"快搭到最上面一个的时候，轩轩叫道："老师我够不着，你能帮我放上最后一个杯子吗？"教师说："你看看身边有没有东西可以帮你放杯子呢？"轩轩环顾四周，发现身边有椅子，于是搬来椅子站到上面，将最后一个杯子放上去（见图 2-15-6）。

语荨也正把纸杯一个一个地连接起来，说："我要连到锋锋那里去。"

实践篇

图 2-15-6

🔍 观察与分析

经过几次游戏，幼儿已经对纸杯很熟悉，也能够按照自己的意愿搭建。但由于杯子材质较轻，一不小心碰到就很容易倒下来，这也和本阶段幼儿的精细动作发展不成熟及身体控制能力不太强有关系。

能力强的幼儿已经感知到：杯子摆放的时候得靠拢一点才不会倒下来。这是他们在游戏中获得的朴素经验，并将这种经验传递给同伴，起到了良好的生生互动效果。

最后，游戏中出现问题的时候，幼儿在教师的暗示下寻找到合理的解决方法——搬来椅子，完成了最高层的叠高。

我是按规律搭的

奕哲看到蔚蔚搭的杯子很特别，问道："你这个是怎么搭的呢？好漂亮哦！"蔚蔚说道："我是按规律搭的。"轩轩马上说道："我知道了，第一层是黄色的杯子，第二层是蓝色的杯子，一层一层搭起来的。""原来是这样。"奕哲说道。依伊走过来看到，也很想动手搭，问道："我可以和你一起搭吗，蔚蔚？""当然可以。"蔚蔚说完和依伊一起搭起来（见图2-15-7）。

这时，轩轩说："我们也搭一个，怎么样？""不过，我想搭个不一样的。"奕哲说道。"要不我们一个蓝一个黄搭配着搭？"轩轩说完，奕哲马上说:"那我们开始吧。"轩轩拿了一摞黄色的杯子,奕哲拿了一摞蓝色的杯子,他们一人一个挨着排起来,围成了一座圆房子(见图2-15-8)。最后,蔚蔚把外圈用杯子连起来,围合成围墙,他们一起完成了"魔幻森林"的搭建。

图2-15-7　　　　　　　　　　图2-15-8

🔍 **观察与分析**

幼儿搭建纸杯已经渐入佳境,有些幼儿甚至探索了按照规律排列纸杯,这表明幼儿的逻辑思维能力在不断增强。当其他幼儿发现有规律地排列纸杯可以为游戏带来新鲜感时,开始尝试和同伴探索不一样的排列规律,这表明幼儿已经有朦胧的创新意识,不喜欢一味地模仿了。

游戏最后,幼儿在所有的作品外面都用纸杯进行了大的围合,表明该阶段的幼儿力求图式上的完整性。

【游戏反思】

小小的纸杯,除了喝水还能用来做什么呢?教师敏感地发现美工区幼儿对纸杯的新玩法,旋即用它们来作为孩子们的"建构玩具",收到了意想不到的效果。教师在游戏中基本上处于"隐退"的状态,儿童成为游戏的主人。值得肯定的是,教师在第二阶段游戏最后,发起了为作品命名的活动,满足了这个阶段幼儿的需要,也符合他们的经验水平。此外,在幼儿搭高层时够不着的情况下,教师的提示既回应了幼儿的需求,又助力幼儿自主解决了问题。最终,幼儿发现踩在有一定高度的器具上能帮助叠高。

本次游戏中还存在一些不足之处，主要表现在：

（1）当幼儿建构的物体造型没有办法突破时，教师应适时地递过去"梯子"。从游戏中看到，幼儿搭建的城堡的造型不是方的就是圆的。在最初阶段，幼儿出现重复建构是可以理解的，但当幼儿一再重复类似结构时，教师就要帮助幼儿打开思路，寻求更为多样化的城堡造型。

（2）当幼儿出现新的建构行为时，教师应思考如何跟上幼儿的节奏。比如在游戏最后，当孩子们用黄蓝两色纸杯交替间隔排列时，教师就要预估这样的建构行为会否引发同伴的模仿，在材料的补充上还可以做些什么，以帮助幼儿获得更多的建构经验，等等。

（3）当幼儿的建构思维出现亮点的时候，教师应进行适时适度的评价。比如游戏的第三阶段，一名幼儿的作品总是倒下来，而另外一名幼儿却总结出"下面的杯子排列紧密点，就不会倒"；又如幼儿发现，当自己想控制墙体的不同形状时，关键点在于底部的形状控制。这些都是幼儿在游戏过程中出现的思维亮点，教师要及时肯定、传递这些优秀的经验。

（本案例由蒋冬冬老师提供）

案例 16　中班：博物馆

【主题由来】

宁波博物馆位于浙江省宁波市鄞州区，其造型像一个不规则的几何图形组合。经调查得知，班级大部分幼儿都去过博物馆，对博物馆的外形有初步的印象。

而筷子在造型中最适合堆积成几何图形，于是教师结合幼儿的经验和筷子的建构特点组织了建构宁波博物馆的活动。

【前期准备】

（1）材料准备：长短不一的筷子若干，星星积木若干，纸筒若干。

（2）经验准备：幼儿去过宁波博物馆，看过宁波博物馆的相关视频和图片（见图2-16-1）。

图 2-16-1

【游戏历程】

"睡着"的楼房

建构区里新张贴了几张宁波博物馆的图片，嘟嘟拿着筷子对着图片观察了一会儿，自言自语道："它是座三角形的房子，我会搭了。"只见嘟嘟在桌子上先用筷子排列成一个长方形，然后在长方形中间用筷子一条一条隔开，说这是一层一层的楼房，最后在最顶端用两根筷子搭了一个三角形（见图2-16-2）。

图 2-16-2

浩浩说："可是博物馆是高高的呀，你怎么让它睡着了呢？这一根根小小的筷子，我们怎么把它们垒高上去，变成高高的楼房呢？"

"哎呀，咱们试试不就知道啦！"嘟嘟拿起筷子开始搭建，他先搭了一个三角形，然后在三角形的一条边上小心地再叠加一根筷子（注：嘟嘟想用叠高的方法让楼房变高），可是筷子很快就滑落下来了。

浩浩先将筷子一根架在另一根上面，然后把第三根筷子架在这两根筷子上，这样三角形就成了封闭的图形。他用这样的方法把筷子一层一层架上去（见图2-16-3）。

可是，浩浩发现搭建出来的形状有点儿"一边倒"，他仔细地看了看筷子的两头，发现一头粗、一头细。于是，他调整了筷子摆放的方向，发现这样的三角形更加稳固。

图2-16-3

🔍 观察与分析

用筷子拼图形是幼儿已有的技能，所以当他们确定建构博物馆时首先想到的是拼一个像博物馆的形状，但他们拼出来的仅仅是一个平面的造型。之后，他们通过观察图片得知，楼房应该是立体的，于是使用筷子交叉叠高搭建，这说明幼儿的思维开始向空间立体思维过渡，也说明他们的观察能力增强了，掌握的建构技能逐渐向复杂化发展。

不同形状的建筑物

大家都学浩浩建构三角形的高楼。

淇淇说:"博物馆有的地方是正方形的,还有平行四边形的呢。"

嘟嘟说:"那我可以搭一座正方形的。"

淇淇说:"我就搭一座梯形的吧!"

浩浩说:"那我可以搭一座多边形的嘛!"

讨论完,孩子们开始了新的挑战。他们先用筷子搭建自己喜欢的图形,然后向上叠高。因为担心"房子"倒塌,他们在建构中小心翼翼地把筷子一根一根架上去,还时不时地观察一下是不是斜了,如果斜了马上调整。

最后,嘟嘟搭了一座正方形的楼房(见图 2-16-4),淇淇搭了一座梯形的楼房(见图 2-16-5),浩浩搭了一座多边形的楼房(见图 2-16-6)。

图 2-16-4

图 2-16-5

图 2-16-6

🔍 观察与分析

思维经过拓展以后，幼儿结合已经掌握的几何图形知识搭建了不同造型的高楼，在活动中凸显了建构活动与数学知识相结合。

活动中，幼儿的专注力和坚持性增强。由于筷子的接触面小，不能接插，并且还要注意筷子的头尾位置，所以幼儿在建构中始终小心翼翼，需要花费很长时间才能搭出相应的造型。通过建构活动，幼儿的坚持性、专注力都得到了锻炼。

博物馆建成了

孩子们都兴奋地介绍着自己的高楼，这时教师再次邀请他们观察博物馆的图片，引导他们发现博物馆的楼房从侧面看是不规则的图形。

嘟嘟指着图片说："我发现了，博物馆的楼房有点凹进去。"

淇淇说："是的，像个花瓶，有的地方粗，有的地方细。"

教师问："那我们可以怎么改造我们搭建的博物馆呢？"

嘟嘟说："可以调整筷子，细的地方我们就搭得近一点，粗的地方我们就搭得远点。"

最后，淇淇搭建了一座梯形的楼房，两头粗，中间细（见图2-16-7）；嘟嘟搭建了一座正方形的楼房，由下往上逐渐变细，再逐渐变粗（见图2-16-8）；浩浩搭建了一座更加有层次的多边形的楼房（见图2-16-9）；峰峰搭建了一座长方形的楼房（见图2-16-10）……

图2-16-7

图2-16-8

图 2-16-9

图 2-16-10

一座座楼房搭好了,峰峰说:"宁波博物馆可大啦,我们搭的这些合起来就更像啦!"

大家小心地把桌子拼在一起,使大家搭的楼房可以靠得近一点,看起来像一个整体。

最后,大家还用小星星积木搭了一些小花和小树放在博物馆的周围(见图 2-16-11)。

图 2-16-11

🔍 观察与分析

幼儿在观察博物馆的基础上发现自己搭建的博物馆和真实的博物馆相差甚远,自己搭建的博物馆其形状是整齐的,真实的博物馆的外形却是有粗有细、凹凸不平的,那么如何改进呢?他们运用了调整筷子距离的方法,让原本一样粗细的图形发生了变化,有大有小、有粗有细、造型变得灵动。之后，幼儿将建构物与实物再次进行对比，提出组合大家的作品的想法。

此外，幼儿对细节装饰更感兴趣了。当建构完成后，他们结合生活经验借助其他积木对博物馆进行了细节装饰，努力使建构的作品更加美丽。

【游戏反思】

用筷子建构博物馆是在用筷子建构简单图形的基础上生成的，在此过程中，幼儿需要熟练地掌握搭建几何图形的技巧。然而在第一次建构中，他们忽视了博物馆的不规则形状，经过教师的提示，幼儿拓展了用各种图形来表征博物馆的经验。

活动中，教师时刻关注着幼儿的建构动态，通过组织讨论、语言暗示等支持幼儿的建构活动，引导幼儿自己发现问题、解决问题。

游戏中存在的不足主要表现在：

（1）材料过于单调。教师应该提供长短不一、颜色各异的筷子，这样幼儿在搭建时就能很自然地表现出凹凸有致的造型。

（2）造型以单体为主。用几何图形组合表征博物馆虽然与真实的博物馆有点形似，但是每座楼房还是单独的存在。如果教师能引导幼儿把单个的造型进行有效的连接，让造型更具整体感，则更能表征博物馆的形态。

（本案例由韩琴栏老师提供）

案例17 中班：热闹的大街

【主题由来】

国庆节后的一次晨间谈话中，孩子们讲述了自己外出旅行的经历，大街上热闹的场景令他们记忆深刻。关于大街的话题，孩子们说个不停，于是生成了用纸盒建构大街的主题。

【前期准备】

（1）材料准备：大小不一的纸箱、纸盒、纸筒，小汽车玩具，废旧材料。

（2）经验准备：幼儿逛过热闹的大街。

【游戏历程】

马路建筑师

孩子们将材料区的纸箱连接在了一起，变成长长的一条（见图2-17-1）。张劭介绍说："这就是马路。"

小逸提出了建议："我看到的马路是相通的，直的可以走，另一条直的也能走。"（注：小逸指横向、纵向马路交叉连接）张劭说："那我来变一下。"于是，两个小伙伴一起调整马路的搭法（见图2-17-2）。

图 2-17-1

图 2-17-2

站在一边的轩轩说道："好像缺了点什么，我看到马路中间还有红绿灯。""那我们一起来搭红绿灯吧！"孩子们兴奋地说道。"红绿灯用什么搭呢？"谣谣问。庞浩说："这好办啊！我们用纸筒，不就行了吗？"淇淇说："可光有纸筒有什么用啊！"孩子们希望老师能提供圆形的纸盘，他们可以用来做红绿灯。教师用手指了指"材料加油站"示意幼儿。最后，张劭找来了彩纸，和小逸一起动手做起了红绿灯。制作完成后，他们将灯柱竖立在路口（见图2-17-3）。这时，轩轩说："我们忘了一样东西——斑马线！"说完，他转头又进了"材料加油站"，粘起了斑马线。

图 2-17-3

🔍 观察与分析

幼儿用班级里的大号纸箱拼接出长长的马路，拼接手法熟练，接口整齐。这种延长式平铺对几名幼儿来说显得较为容易。"十字路口要有红绿灯"是幼儿的另一生活经验。他们在教师的提示下，在"材料加油站"里找到红绿两种色纸以及长圆柱形纸筒，用以表征红绿灯和灯柱。

让每座房子都有独一无二的标识

马路建好了，如何才能让它热闹起来呢？张劭想了想说："马路两边有很大很大的商场，妈妈会带我去商场买衣服。"旭旭立刻接道："我们应该搭建很多很多的高楼大厦。"

于是，孩子们把多个纸箱横着平铺，变成商店；把多个纸箱竖放叠高，变成一座座楼房，楼房有高有低，错落有致。

为了区分商店和楼房，幼儿到"材料加油站"里找了一些彩色卡纸和记号笔，制作标识。不一会儿，马路两旁的建筑物顶部都贴上了相应的简笔画标识，表明哪些是咖啡馆，哪些是保险公司等（见图2-17-4）。

这时，轩轩说："马路的旁边还有好多树呢！"子逸说："对，有很多小树、小花什么的。可是,我们没有树怎么办呢?"张劭说:"要不,我们自己来做吧。上次,老师教我们用小积木搭过树。"张劭的想法得到了其他人的支持,大家行动起来。有的找来薯片罐,装上用纸杯剪的树;有的找来纸筒,插上用塑料积木搭的树,大街上的景物越来越丰富了(见图2-17-5)。

图 2-17-4

图 2-17-5

🔍 观察与分析

在建构商店和大楼时,幼儿懂得把纸箱横着平铺和竖放叠高的区别,即横着平铺时比较矮,竖放叠高时比较高,竖放叠高适合表现高楼。

生活中的商店、楼房都有标识,因此幼儿认为不同的楼房、大厦也需要有标识,以便让人们知道楼房的功能。这次,在没有教师提醒的情况下,他们能主动去其他区角寻找材料,解决了问题。

车水马龙的大街景象

楼房林立,树木青翠,可是大街上还是缺了点什么。张劭说道:"爸爸平时都是开车带我去逛街的,我每次都会看到路边有停车处,可以停车子。"庞浩说:"对的对的,我们还可以搭建几个公交站,路上还有公共汽车的哦!""刚才我们还剩了一些小纸片,就用它们来做吧。"孩子们将纸剪成小长方形粘贴在纸筒上作为公交站的站牌,并且还给站牌涂上了颜色。"大街"在孩子们的建造之下变得热闹异常(见图2-17-6)。

图 2-17-6

🔍 **观察与分析**

从活动中可以看出，幼儿能对一些建构物进行细微的调整和装饰，注意建构物的美观性，初步懂得建构时要注意平衡、对称。由简单的马路、高楼到汽车、停车场、公交车站等，幼儿的创造性表征能力大大增强。

同时，游戏中幼儿还表现出了材料转换的能力。比如，在中号箱子数量不足的情况下，他们想到利用两个小号箱子拼成一个中号箱子，这也表明幼儿的图形转换能力在游戏中得到了增强。

我来当司机

当大街面貌完整地呈现出来时，孩子们显得很兴奋。张劭对其他几个孩子说："我们来当司机吧！"这一提议得到了大家的热烈响应。他们人手一辆玩具小汽车，"行驶"在大街上，还不时地听到"红灯""绿灯"的叫声，原来轩轩已经化身为信号灯了。

庞浩将玩具小汽车开过天桥，因自己的身体过不去（有横向的马路），他干脆跨过马路继续开；有两个孩子的玩具小汽车正好是面对面开出，结果迎面撞上了。一个孩子提议："我们到修理厂修一修吧！"于是，两辆玩具小汽车一前一后来到了所谓的修理厂（其实只是大街旁的空地）。

【游戏反思】

因为游戏的主题来自教师对儿童兴趣的"倾听",所以幼儿在游戏中表现出积极的态度,这意味着游戏前期教师接收"儿童信息"尤为重要。

在建构过程中,教师提供的纸箱的数量是经过设计的,即有一部分中号箱和一部分小号箱,最终由于中号箱不够,幼儿出现材料替代行为。这一设计比单纯地提供数量充足的中号箱来得有价值,因为它既为幼儿提供了图形组合、转换的机会,又为幼儿提供了发现问题、解决问题的机会。

教师在游戏外设置的"材料加油站"较好地解决了幼儿游戏进程中不断出现的新情况和新需要。当幼儿表征红绿灯有困难时,教师并没有马上给予指导,而是给出"可以去'材料加油站'找找"的暗示,使得幼儿寻找适宜材料的过程就是表征思维被激活的过程,最终助力幼儿表征成功,体现了教师的指导"非直接"的特点。

游戏中存在的不足主要表现在:

(1)幼儿的房子造型比较单一。游戏前,教师通过谈话了解到孩子们都有逛街的经验,因此没有提供充分的支持性环境。实际上,对于中班幼儿而言,将生活中的实体物象转化为建构物象,还是存在着经验上的欠缺。后续游戏中,教师应该适时地为幼儿提供各类不同形状的房子(实物图片和房子模型),帮助他们建立更为清晰的表象。

(2)幼儿的建构能力提升有限。教师提供的是中号箱和小号箱,非常容易成型;一幢大楼往往用五六只箱子就可以完成,因此不能助推幼儿建构能力的进一步提升。可行性做法是发动幼儿寻找身边的小盒子,这样幼儿在建构时不但会发展架空、封顶等更多技能,还能使建筑物的细节特征通过小盒子的造型来表现。

(本案例由邵爱红老师提供)

案例18 大班：未来的城市

【主题由来】

未来的城市是什么样的？这个问题引发了孩子们热烈的讨论。

曹原说："我认为未来的城市有高高的大楼，里面能住很多人，马路上开着各种有趣的车子，还有很多战机、坦克。"

竺珂豪说："未来的城市，房子可以造在天上，可以很大很大。"

贝贝听了大家的发言说："我们一起来建造一座未来之城吧！"

建构游戏"未来的城市"由此诞生。

【前期准备】

（1）材料准备：五彩雪糕棒，大雪花片，小雪花片，橡皮筋。

（2）经验准备：幼儿熟悉城市生活的场景；手绘了"未来城市规划图"（见图2-18-1）。

图2-18-1

【游戏历程】

我来盖楼房

"我要给我的爸爸妈妈搭建很大很高的房子，让他们住在我搭的大房子里。"胡思妍拿起雪糕棒，开始一根根将齿口与齿口相扣，往上叠加，不一会儿，一座方形的房子雏形出来了。接着，她又找了两根雪糕棒，把它们顶端交叉相扣后竖起来架在房子上，作为屋顶（见图2-18-2）。

图 2-18-2

旁边的孙子俊看了说："你的屋顶太窄了，下雨时会漏水的！"

胡思妍听了孙子俊的话点点头，重新尝试做屋顶，摆弄了好一会儿都没有成功。

孙子俊说："别急，我来帮你。"他拿起胡思妍的"屋顶"开始加工，在这个交叉相扣的雪糕棒上继续叠加雪糕棒，一根一根与原先的屋顶交叉相扣，并且保持顶端平行（见图2-18-3）。

"看，屋顶搭好了。"说着孙子俊满意地把自己搭好的屋顶小心翼翼地装在刚才搭建好的房子上（见图2-18-4）。

"哇，这个屋顶可真漂亮，屋子不会被雨淋湿了！"胡思妍开心地说。

图 2-18-3

图 2-18-4

实践篇

🔍 观察与分析

幼儿把细小的雪糕棒齿口相扣，形成连接组合，这种精细的建构动作促进了幼儿小肌肉群的发展，使小肌肉得到锻炼。

要对生活中的屋顶进行表征，胡思妍最先想到的是用两根雪糕棒交叉形成三角形屋顶，然而孙子俊认为屋顶应该是立体的且面积很大，这样可以保护房屋不被雨淋，可见他的生活经验很丰富。在同伴的建议下，胡思妍想把单一的雪糕棒进行组合，但没有成功。这说明她已经萌发了初步的改造材料的意识，但还不具备将条状的雪糕棒组合成面的能力。孙子俊主动帮助胡思妍将雪糕棒组合成面，形成最能表征屋顶的形状。

轮胎和机翼去哪儿了

停车场内，吴懿诺拿起雪糕棒开始搭建汽车，他把雪糕棒交叉连接，一会儿，一个正方形的车身出来了，他拿着自己的"跑车"在桌面上开着（见图2-18-5）。

图2-18-5

黄志成看到了，说："这个车子怎么没轮胎呀？好奇怪！"

"对哦，没有轮子汽车也开不快。"吴懿诺决定尝试做轮胎，他把几根雪糕棒相扣后搭在车身底下，说："好了，我的车子完成了。"说完，吴懿诺开心地在桌面上玩起来。

小伙伴看了看说:"轮子不是圆形的吗?"

于是,吴懿诺又开始动手制作圆形轮子。他拿起一根雪糕棒,想把长条形的雪糕棒用力拗成圆形,可始终无法成功。

教师见状走过来递给他一些辅助材料,说:"诺诺,你试试看用这些材料能不能把圆形的轮子搭出来。"诺诺听了老师的话,想了一会儿,拿起一片大雪花片,将雪糕棒的顶端插在大雪花片的齿口中。

他将雪糕棒一根接着一根围着雪花片插了一圈(见图2-18-6),然后拿起一根橡皮筋绕着这组雪糕棒围了几圈固定,然后用同样的方法把雪糕棒的另一端也装上一片雪花片并用橡皮筋固定住,这样就形成了一个圆柱体。诺诺开心地把"轮胎"固定在车身上,汽车开动了(见图2-18-7)。

图2-18-6

图2-18-7

楼房林立,整个城市已是一片车水马龙的景象,还缺什么呢?曹原看了眼空旷的飞机场,说:"我们全家都喜欢去外面旅游,所以不能没有飞机啊!"他决定用雪糕棒搭建飞机。他先拿起两个圆柱体组合当作机身,又拿来两根雪糕棒交叉放在机身的尾部当作尾桨,随后开始搭建机翼。"机翼用什么来做好呢?"他边说边把两根雪糕棒搭在机身两侧当作机翼,飞机完成了。他开始玩了起来。

朵朵看了立马笑起来:"这架飞机长得好奇怪啊!飞机的机翼是平的,像小鸟的翅膀一样。你的机翼又小又短,怎么会是飞机呢?"

曹原听了小伙伴的话,又重新拿起雪糕棒将它们齿口与齿口相扣,并且在机身两侧比对，但是始终没能搭建出平平的机翼。

旁边的苏敬轩看见了，拿起几片小雪花片递给曹原，对他说："你可以把雪花片一片片架在雪糕棒中间。"

曹原赶紧用雪花片将雪糕棒进行平行连接，组合成两个平平的支架，然后把这两个支架连接在机身两端，形成平平的机翼（见图2-18-8、2-18-9）。曹原兴奋地拿起飞机一会儿开到这儿，一会儿开到那儿，别提多兴奋了。

图2-18-8

图2-18-9

🔍 观察与分析

在搭建汽车的过程中，幼儿知道可以用雪糕棒进行交叉连接从而表征车身，并且使用雪花片、橡皮筋等辅助材料与雪糕棒组合成轮胎搭在车身下面。这说明幼儿已经掌握了交叉连接的技能。

在飞机建构中，幼儿顺利地运用了对称排列的技能。同时用雪花片作为连接物，使多根雪糕棒组合成面，表征了机翼的造型。

我想让桥变得更大

李宇翔也来参与"未来的城市"的搭建。他说："我要搭一座超大的桥，不管飞机还是汽车都能开过去。"他拿起雪糕棒将齿口与齿口相扣形成桥身，并在桥面上用雪糕棒进行连接，桥的初步形状形成了。李宇翔开心地给大家看："这是我搭的桥。"

涵涵说:"这座桥真小,汽车怎么开过去啊?"

李宇翔觉得涵涵说得对,于是他开始尝试,先用雪糕棒搭建了两个平行的桥墩,然后在两个桥墩中间架起两根雪糕棒(见图2-18-10),使桥面变宽……两分钟后,一座崭新的大桥出现在大家面前(见图2-18-11),小伙伴们争相观看。

图 2-18-10

图 2-18-11

大家把各自搭建的作品按规划图进行了摆放,呈现出壮观的"未来的城市"面貌(见图2-18-12)。

图 2-18-12

🔍 观察与分析

幼儿能对生活中的桥进行表征，运用首尾相接的方法建构桥，并在已有材料中选取最能表征桥顶的雪糕棒搭在桥的顶端。当得不到同伴的认可时，他们想到了把两种物体拼接的方式，使桥面变宽，最后通过尝试呈现出想象中的大桥。

【游戏反思】

在建构过程中，教师最先提供给幼儿的主材料为雪糕棒，结果限制了幼儿的建构行为。教师事先应对这种材料可能引发的建构行为进行预估：因为雪糕棒的形状单一，且没有任何连接口，幼儿的游戏一定会产生问题。所幸，教师结合原有的教育实践经验，联想到利用其他辅助材料，如橡皮筋、雪花片等，运用插、捆等技能，将雪糕棒组合成多种形状，如三角形、正方形、井字形等，从而使幼儿的游戏也发生了质的变化——从发现问题到改变、增添辅助材料，既为幼儿提供了图形组合、转换的机会，又提高了幼儿发现问题、解决问题的能力。

可见，游戏中获得发展的不仅是幼儿，还有教师。

（本案例由吴攀攀老师提供）

案例 19 大班：游乐场

【主题由来】

"五一"长假后，孩子们不停地交流着假期里游玩的经历。好几个孩子都说，他们去了凤凰山游乐场。游乐场里的旋转木马、滑滑梯、摩天轮、碰碰车、海盗船等均是他们津津乐道的话题。孩子们也有兴趣在班级建构一座游乐场，于是生成了"游乐场"的建构主题。

【前期准备】

（1）材料准备：各种型号的邦宝积木（见图2-19-1）。

（2）经验准备：幼儿去游乐场玩过，有简单的邦宝积木建构经验。

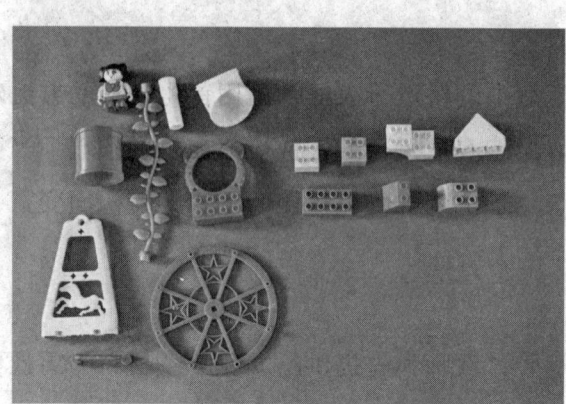

图 2-19-1

【游戏历程】

游乐场里的设施

建构前孩子们讨论要搭建什么,有的说搭旋转木马,有的说搭滑梯,还有的说搭摩天轮、海盗船等。唐家乐提议每个人搭一种游乐设施,这样的话就不会重复,大家一致赞成。唐家乐拿来圆筒和车轮邦宝积木,说要搭摩天轮;周致捷抢着要搭海盗船;王国栋则拿了小方块想搭滑梯,大家分工有序。

看到王国栋搭的滑梯,周致捷说:"王国栋,你搭的滑梯拐弯处不对。"王国栋说:"是呀!我也觉得不太像,你能帮我一起搭吗?"周致捷先将一块电话形状的积木放在拐弯处(见图 2-19-2),再进行搭建。滑梯搭好了,他们高兴地欢呼起来。

实践篇

图 2-19-2

唐家乐不满意自己搭的摩天轮，准备重来。他拿来建构图纸，在仿造图纸的基础上又搭了一座摩天轮。旁边的毛珍莹看到了说："家乐，这座摩天轮真漂亮！"（见图 2-19-3）

游乐设施建构好了，严语婷问："我们的游乐设施搭好了，怎样摆放合适呢？"赵语芊提议大家一起设计图纸规划布局，最后大家一致赞成根据赵语芊设计的图纸（见图 2-19-4）摆放。

图 2-19-3

图 2-19-4

🔍 观察与分析

幼儿建构游乐场的设施时，能根据主题内容相互协商、分工合作。唐家乐提出"每人搭一样，就不会重复"，表现出了他做事具有一定的计划性，只不过这种计划性是朦胧的。直至本阶段游戏后期，有孩子提出要设计图纸来规划游乐场设施的摆放位置，才表现出了较高水平的计划性。

幼儿在搭建的过程中会挑选不同型号的积木，力求在外观上接近搭建对象。比如，王国栋在同伴的帮助下重新选择了电话形状的积木来表现滑梯的转弯处，说明该阶段的幼儿已经具备在表征物体时力求完美的意识。

活动中，多数幼儿能依据教师提供的示例图片，注意表现搭建对象的细节；但个别幼儿明显在观察及建构技能上呈现出较低水平，他们只会用三四块积木来搭建表现对象，表征能力较弱。

城堡式的围墙

游乐设施摆放好后，毛珍莹又提出："游乐场应该有大门和围墙。"付颖说："我和你负责搭建游乐场的外墙好吗？"刘子今说："我也来帮忙，可以吗？"他们从游乐场的外围开始搭建。开始，孩子们搭建的围墙歪歪扭扭。他们努力地调整，把歪的地方扶正，可是情况并不理想，这边好了，那里又歪了，一遍又一遍，均以失败告终。

于是，他们对教师说："老师，我们想用粉笔画一条线，不然老是搭不直。"教师指指即时贴问道："这个行吗？"孩子们随即剪的剪、贴的贴，动手拉起了一个大边框（见图2-19-5）。贴好大边框，他们便沿着边框搭建游乐场的外墙（见图2-19-6）。

图2-19-5　　　　　　　　图2-19-6

一些孩子说游乐场很漂亮,围墙也要像城堡一样。于是,孩子们开始在围墙上进行加工装饰。他们使用不同形状的积木进行排列,有的孩子把两块积木叠高后间隔三块积木的距离再进行两块积木叠高,其他孩子发现他的排列规律后也自创了不同的规律进行排列,有的按颜色排列,有的按照积木大小排列,还有的按照递增、递减的规律排列(见图2-19-7)。

图 2-19-7

🔍 观察与分析

游乐场外墙的搭建看似简单,实则具有一定的难度:因为围墙较长的关系,幼儿始终搭不直。此时,有幼儿想到了解决问题的方法——在外围用粉笔画线,这种尝试解决问题的意识值得肯定。

在围墙搭建好后,幼儿开始热衷于装饰围墙,使围墙美观的同时也增加了围墙的高度。在此过程中,幼儿运用了数学知识——排序,使围墙的建构充满了挑战性,也体现了大班幼儿思维的独创性。活动中,当有幼儿采用某个排序规律的时候,其他幼儿争着表现与之不同的规律,甚至出现了递增、递减等相对较难的排列规律。

游乐场变热闹了

游乐设施和外墙搭建好了,可是游乐场里还是缺了点什么。陈飞扬说:"爸爸妈妈平时带我去游乐场,每次里面都有很多小朋友在玩,还有一条条小路,路的两旁有花坛,花坛里开着美丽的花朵。"于是,孩子们又开始装饰游乐场。有的孩子在摩天轮和海盗船中间搭建了一条小路,有的孩子则搭建了小人、树、花等放在游乐场里。整个游乐场在孩子们的努力下变得富有生气了(见图2-19-8)。

图2-19-8

观察与分析

幼儿能对游乐场进行装饰,从游乐设施、围墙到小路、人、树、花等,说明幼儿的创造性表征能力增强了。

同时,游戏中幼儿的合作意识增强了,大家齐心协力,有的搬积木,有的放积木,还有的在旁边"指导",初步表现出绿化和游乐场的风格,也开始注意游乐场两旁的建筑连接,使建构的内容丰富起来。这也表明该阶段的幼儿能依据一定的主题,并始终围绕该主题进行表达表现的能力。

【游戏反思】

游乐场是孩子们游戏的场所,本次建构的主题来源于幼儿的经验与幼儿的兴趣。整个建构活动中,教师首先通过谈话活动引导幼儿回忆游乐场的设施,初步建立对被表征物的印象;其次,通过图片展示帮助幼儿加深对游乐场的认识,以便模仿建构;最后,通过细节图示帮助幼儿解决建构中的难点。在一系列的支持下,幼儿建构出了"游乐场"。

在建构中除了预设的建构内容外，教师还通过观察幼儿的建构游戏情况，及时判断幼儿的建构需求。比如，当幼儿提出用粉笔在围墙处画线时，教师及时关注了幼儿的这一需求，但又将幼儿抛来的球抛回给他们："即时贴能否帮到你们？"这种做法既肯定了幼儿尝试自我解决问题的意识，又提供了最好的支持（孩子们如用粉笔画线，未必能画直）。

游戏中存在的不足主要表现在：

（1）在建构中提供的图片居多，而幼儿需要把图片的信息进行转换，形成空间的概念。教师如果能提供一些模型，让幼儿观察被表征物的结构，然后进行模仿建构，效果会更好。

（2）积木材料以中号为主，使幼儿在造型时能够随意建构，但是在表征比较大型的作品时会有难度。因此，教师应在建构区提供小、中、大型积木，让幼儿根据自己的需要自由选择。

（本案例由张静老师提供）

案例20 大班：美丽的月湖

【主题由来】

春天是个美好的季节。为了让孩子们感受春天的美丽，在一个周末的上午，大家相约在美丽的月湖，开展了一次"我和春天有个约会"的亲子活动。孩子们一起嬉戏玩耍，欣赏充满生机的月湖公园。

周一的活动中，大家一起讲述了月湖的美，并且用绘画的方式表现了自己看到的月湖。这些回忆和创作活动让孩子们意犹未尽。小雨提议："我们用纸牌来造一个'月湖'吧！"小雨的提议得到了大家的积极响应。于是，用纸牌搭建"美丽的月湖"的活动就这样生成了。

【前期准备】

（1）材料准备：大小不同的有各种剪口的纸牌，月湖景观图片。

（2）经验准备：幼儿已经游玩过月湖，画过月湖。

【游戏历程】

月湖的桥

建构游戏开始了，孩子们拿着纸牌开始搭建。不一会儿，潇怡就高兴地告诉周围的小伙伴："我的桥完成啦！"（见图2-20-1）

阿哲看了看，拿了一张图片过来说："月湖的桥中间有半圆形的洞，而且有台阶可以走到桥上去，你的什么也没有，这边还像滑梯，一点也不像月湖的桥。不信，你自己看！"（见图2-20-2）

图 2-20-1　　　　　　　　　图 2-20-2

潇怡不甘示弱地说："要想有弯弯的桥洞，我只要把纸牌折一下就好了。"

"那台阶呢？"阿哲追问道。

这下可把潇怡给难住了，她小声地说："这个，我还真不会呢。"

阿哲说："我想到了一个好主意，就是把纸牌像折扇子一样来回折一下，这样桥的台阶不就做好了吗？"

听了阿哲的建议，潇怡和旁边的小伙伴们都觉得这个主意好，纷纷开始动手操作。不一会儿，桥的台阶就完成了。

琪琪看见了说："好像不够长。"

阿哲说："是啊。"

潇怡说："那就用双面胶连接一下吧。"

就这样,在大家的共同努力下,一座拱桥完成了(见图 2-20-3)。

图 2-20-3

🔍 **观察与分析**

活动中,当潇怡把桥搭建出来的时候,有小朋友向她提出了质疑。孩子们通过对比图片以及脑海里月湖拱桥的印象,想出了一些办法。比如,用折扇子的方法折台阶,不够长时,用双面胶连接等。在这个过程中,幼儿将具体形象的实物转化为脑海里的表象,然后再运用已有材料进行创作。可见,这几名大班幼儿的空间转换能力、表征能力已经有了很好的发展。

弯弯的亭檐

涵涵和安安在搭月湖的亭子,她们的亭子已经初具雏形,可在搭建亭檐时遇到了难题,她们先后尝试了不同型号的纸牌,可是不管怎么搭,那个弯弯的亭檐就是搭不出来。一旁的小伙伴们也遇到了同样的问题。

于是,孩子们焦急地问教师:"老师,我们的亭子马上就要完成了,可是不知道怎么搭那个弯弯的屋檐。"

教师想了想,把孩子们带到美工区,拿出画笔和剪刀,画了一个尖尖的像亭檐的角。涵涵高兴地说:"我知道啦,我知道啦!我们把这个纸牌剪下来插进去就可以了。"教师点了点头。

孩子们迫不及待地尝试了起来，她们先画出尖尖的角，然后把它剪下来，还给角剪了一个开口，然后把角插进去，亭子终于完成了（见图2-20-4、图2-20-5）。

图 2-20-4

图 2-20-5

🔍 观察与分析

受纸牌形状的限制，幼儿无法表现弯弯的亭檐，最后寻求教师的帮助。在教师的引导下，他们知晓对材料进行改造有助于表现更多不同形状的建筑，最后通过自己的努力，表征了亭檐，完成了作品。

柳枝怎么总掉下来

拱桥和亭子搭建完以后，孩子们开始搭建月湖里的树了。可是，在搭建柳树时，新的问题又产生了。妍妍和阿哲皱着眉头左试试、右试试，总是不成功，嘴里嘀咕着："怎么回事，怎么老是掉下来，为什么连接不牢？"

经过多次尝试，阿哲似乎找到了办法，他一边搭建纸牌，一边说："我知道了。你瞧，长长的树枝是可以插上去的，要把大的纸牌放在上面，小的纸牌放在下面……"可是还没等阿哲说完，"柳枝"又掉下来了。

过了许久，阿哲似乎想到了什么，他起身到"材料加油站"拿了双面胶，说："我们把要掉下来的柳枝用双面胶粘住，这样它就不会掉下来了。"

妍妍拍着脑袋说:"对的,我怎么没想到?"两个小伙伴赶紧动手干起来(见图 2-20-6)。

柳树很快就搭建好了。

图 2-20-6

🔍 观察与分析

幼儿搭建纸牌的技巧已经非常熟练,如横插、竖插等,然而他们在搭建柳树时遇到了很大的麻烦——柳枝是向下垂的,搭建好了的纸牌总是掉下来。经过多次尝试,幼儿终于明白单纯靠接插是没有办法解决这一问题的,最后他们借助材料区的双面胶达成搭建目的。可见,大班幼儿不仅具有较强的表征能力,同时具备解决问题的能力。

美丽的月湖完成喽

在大家的努力下,美丽的月湖搭建好了:有拱桥,有亭子,有柳树。

安安说:"可是湖边没有栏杆是很危险的。要不我们用篱笆把湖围起来吧?"小朋友们都赞同安安的想法,于是大家一起搭篱笆,不一会儿长长的篱笆就搭建好了。

阿哲看着篱笆说:"篱笆不仅要长,还要能围起来。"

安安一听连忙点头说:"对的。"于是,他们俩拿起多余的纸牌想把篱笆围起来。可是麻烦又来了,他们拿的纸牌的边上开口很小,该怎么围呢?

"有办法了,我们去'材料加油站'拿一把剪刀吧,把纸牌的边剪一剪就好了。"阿哲说道。

安安觉得这个主意不错,就从"材料加油站"拿了两把剪刀,和阿哲一起动手改造纸牌开口,很快篱笆就完成了。

"月湖好像还少点什么?"阿哲说。

"没有湖,怎么叫月湖啊?"安安说道。

于是,孩子们一起做了月湖的背景图,最后把作品放上去,美丽的月湖呈现在大家面前。(见图2-20-7)

图 2-20-7

🔍 观察与分析

幼儿在搭建篱笆的过程中会根据自己的生活经验主动提出疑问——"篱笆是围起来的",然后根据已有的经验去改造纸牌。在这个过程中,他们的社会、语言、认知能力等都得到了发展。活动中,他们的合作意识增强,能与同伴共同游戏、完成任务。与同伴一起学习、讨论,促使幼儿有机会了解他人的想法,特别是当他人的想法与自己的不同时,会进行思考,这对儿童的"去自我中心"的发展具有重要的意义。

让月湖更美丽

看到美丽的月湖，安安说："好漂亮啊！"

"这是我搭的。"涵涵说道。

这时候，菲菲走过来对教师说："老师，月湖公园里只有拱桥、亭子、树木和篱笆，我们折些小花、小动物放进去吧。"

大家听到这个建议都说："好。"于是，大家纷纷拿起彩纸折了小花和小动物，把它们放在亭子旁边、路上、草地上……（见图2-20-8）

图 2-20-8

🔍 观察与分析

由于纸牌只有一种形状——长方形，用它搭建的物体大多很呆板。细心的菲菲发现了这一特点，她想到了利用平时的折纸作品来做装饰，使原本单调的月湖充满了生机，可见，幼儿的想象力和创造力是非常丰富的。

【游戏反思】

本次游戏的主题来自幼儿园的一次亲子活动——"我和春天有个约会"，幼儿们对此非常感兴趣，因此他们在游戏中表现得非常积极。

建构前，教师提供的纸牌的卡口是经过精心设计的，它运用了雪花片的原理，使幼儿容易迁移相关的经验；而且插、叠是一般大班幼儿都具备的技能，因而纸牌建构活动得以顺利进行。这一设计大大提高了幼儿利用纸牌搭建作品的想象能力，比单纯提供未经处理的纸牌有价值。

唯一有问题的是，纸牌没有雪花片那么牢固。因此，教师为幼儿设置了"材料加油站"，较好地解决了游戏进程中不断出现的新情况和新需要。

游戏中存在的不足主要表现在：

（1）幼儿的作品不能很好地被保留下来。由于纸牌比较软、比较轻，很容易被风吹走，而且在梅雨季节时会软化，无法长时间保存。因此，教师只能用拍照的形式来记录幼儿的作品。

（2）建构技巧和材料单一，无法呈现多种形式的作品。教师提供的大小纸牌，只能穿插进行建构。活动中，台阶、亭檐等想要用纸牌直接建构出来并不容易，所以教师需要针对纸牌的特点开发出更多的玩法。

（本案例由汪芳老师提供）

三、户外建构游戏案例

案例21 中班：运水

【主题由来】

今天是中班幼儿的沙水游戏时间，孩子们用手和铲子在沙子里挖了一个大大的坑，说是湖。有个幼儿提出不同的看法："湖是有水的，这里是干的。"于是，有幼儿提议："给坑里装点水。"这一提议引起了其他幼儿的兴趣，大家开始用各种工具取水，一场有趣的运水活动便由此开始了。

【前期准备】

（1）材料准备：水源，勺子，铲子，水桶，PVC管（见图2-21-1、图2-21-2）。

（2）经验准备：幼儿玩过沙子和水。

实践篇

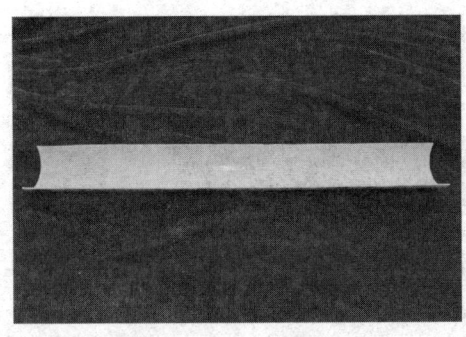

图 2-21-1

图 2-21-2

【游戏历程】

有趣的运水

孩子们使用竹勺子、小桶、小铲子，一点一点把水送到事先挖好的坑里，结果水还没送到，路上就已经洒了很多，而且剩余的那些水倒进坑里后，也很快就被沙子给吸收了。

天天说："我们得想个办法，这样太慢了！"琪琪回应道："我们在沙子里挖一条路吧，这样水就可以从路上流过去了。"这时，教师接话："看，这里有一些水管，你们能用到吗？"

被教师点醒后，孩子们马上行动起来。他们把管子连在一起，铺在沙子上面，一端靠近水龙头，一端接到小朋友挖的沙坑（见图2-21-3）。他们舀了一勺水倒在水管里，水顺着水管流走了，可是到水管间接头的地方，水就流到地上了。

孩子们调整管子，把管子的接头处靠近（见图2-21-4），再次实验，终于成功地把水送到了坑里。

图 2-21-3

图 2-21-4

观察与分析

幼儿在用工具运水时,看到了干沙的吸水性,明白了沙和水之间的饱和关系,同时也推理出,快速运水才能解决问题。但中班幼儿由于前期经验有限,解决问题的能力也相对较弱,所以教师适时地提供材料帮助幼儿降低了难度,也帮助他们打开了思路。

在建构过程中,幼儿的观察能力逐步增强。他们通过实验与观察,知道水管的连接处应该有一段重合,这样水才不会流出去,进而做出了调整。

水往低处流

整理管子的时候,甜甜发现水管接头处下面的沙子是湿的。为什么这里会有水呢?孩子们聚在一起讨论。他们仔细检查了水管,很快便发现了问题:原来接头的地方还是有缝隙,水就流出去了。乐乐问道:"有什么办法可以解决漏水问题呢?"天天说:"把上面的管子垫高一点儿,水就会流到下面的管子里,我在外婆家看到过。"

于是,他们从旁边的玩砖区搬来一些砖,把管子架在砖上让管子按从高到低排列,并调整管子,使管子的接头处有一段重合,直至把管子通到挖好的沙坑里。

孩子们再次往靠近水源的管子里倒上水,一路观察,发现水能一直流到沙坑里（见图2-21-5）。于是，一些孩子负责倒水，一些孩子负责观察、调整管子，一些孩子则留在沙坑旁等水流过来。

图2-21-5

观察与分析

活动中，幼儿通过沙子颜色的不同，发现水管接口处有水漏出，于是结合自身的生活经验，就地取材，使用砖头搭建了具有层次的运水通道。同时，实践了"水往低处流"的原理。这说明幼儿的观察能力与解决问题的能力都提高了。

建构中，幼儿的分工合作意识增强，比如有的搬砖，有的拿起水管，有的负责在下面垫上砖头，整个场景都充满了合作的精神。

让水走迷宫吧

简易的运水工程完成了，可孩子们并不满足。天天提出："如果能让水走更多的路就好了！"其他孩子积极响应。可是，怎样才能让水"走"更多的路呢？天天说："可以增加管子，把路变得多一些。"

于是，大家动手调整，把每一个接头处都换上了三通，然后接上管子，使管子向四面八方延伸开来（见图2-21-6），孩子们说这是"迷宫"。

图 2-21-6

孩子们把水龙头打开,水便经过水管流到了各个地方,孩子们追着水流的方向开心地说:"水走到这里了。"

他们还折了小纸船,拿来小贝壳,放在水管里,让它们在水管里漂流(见图 2-21-7)。孩子们追赶着自己的小玩具,像是自己在漂流一样。他们甚至还进行了比赛,看谁的小玩具最先漂流到沙坑里。

图 2-21-7

🔍 观察与分析

本次搭建活动中,由开始无目的的连接水管,到有明显的目标和路径,无不体现了幼儿游戏经验的获得、巩固、发展过程。

转弯接头是关键,可幼儿并没有感觉到困难,他们把之前获得的搭建水管的经验进行了恰到好处的迁移。

另外，幼儿的游戏意识增强了。纸船、贝壳的运用体现了他们的游戏水平在提升，走迷宫、漂流等概念的联想使游戏更富有趣味性。

【游戏反思】

本次建构游戏主题是幼儿自发生成的，教师通过材料提供、语言引导等方式一步步深化幼儿的游戏内容，让幼儿经历了运水管道的设计和制造过程。整个活动中教师准确地掌握了介入的时机，提供了隐性的支持。比如当幼儿想挖条路从而快速运水时，教师提示他们可以使用水管。其次，教师对幼儿的指导只是提供方向而没有提供具体的方法。比如案例中，教师说："看，这里有一些水管，你们能用到吗？"至于怎么使用水管，那是幼儿需要想的事情。

后续活动中，教师可启发幼儿寻找各种质地的管子进行探索，帮助他们获得更为丰富的游戏经验。

（本案例由张静老师提供）

案例22 大班：好玩的椅子

【主题由来】

椅子是教室里出现最多的物品，室内活动时有部分幼儿对椅子产生了兴趣，他们有时把椅子围合起来在里面玩"过家家"游戏，有时把椅子排成长队玩"开火车"游戏……如果把椅子搬到户外，幼儿有了更大的游戏空间，又会用这些椅子做些什么呢？

【前期准备】

椅子。

【游戏历程】

"金字塔"变成"宇宙飞船"

听说可以随便玩椅子,孩子们十分感兴趣。他们首先自由组合,分成了A、B两个小组,每组各五名小朋友。A组幼儿经过商量,一致决定要搭火车,于是有的搬椅子,有的设计,大概13分钟以后,一列转弯的火车就搭出来了。小朋友们迫不及待地开始玩"火车开开"的游戏,叫嚷着要去北京、上海(见图2-22-1)。

图 2-22-1

B组的阿哲、思思、小毅、航航、成成商量决定搭金字塔。在阿哲的指挥下,他们搬来椅子,把椅背朝外围成方形,看起来有点像金字塔四方形底基的效果(见图2-22-2)。阿哲一直站在方形里面,他注意到了金字塔底基形状的特点,所以一直在调整方形每个边上椅子的数量,但怎么看这个方形都不规整。眼尖的小毅发现了问题,他一边把椅子一把把对齐,一边对同伴说:"要把椅子对齐,不能是弯的。"但他的话并没有引起其他同伴的重视,他们急着准备往上搭第二层。

实践篇

图 2-22-2

阿哲接过思思递过来的椅子，开始搭建第二层。他先将椅子放在第一层上，发现四条椅子腿根本不能全部放在椅面上（见图 2-22-3），于是，他尝试把椅子转一转，还是不行。他又试着将椅子倒过来搭在第一层椅子上（见图 2-22-4），看看好像可以，就对思思说："我们这样搭就牢固了。"于是，他们用这种方法加高了第一层。等阿哲再把椅子叠上去，要继续往上搭的时候，椅子就摇摇晃晃了。旁边的思思大叫："这样不行，很危险的！"于是，阿哲和思思把椅子横过来、倒过来做了很多次的尝试，但效果都不是很理想。

图 2-22-3

图 2-22-4

此时，A 组幼儿玩"火车开开"的游戏玩得正开心。原本一直在搬椅子的航航和成成似乎受到了影响，只见航航坐在"金字塔"旁边的小椅子上，扭过头一直看 A 组小朋友玩游戏；成成更是跑到 A 组小朋友面前大叫:"你们的火车要去哪里啊?带上我吧!"

坚持了许久的阿哲、小毅和思思还是没有办法解决第二层搭建的问题,于是小毅说:"我们改一改吧,改个宇宙飞船。"阿哲和思思表示同意,于是他们找了把小椅子斜架着当驾驶器,开始玩"驾驶飞船"的游戏(见图2-22-5)。

图 2-22-5

🔍 观察与分析

椅子虽然是幼儿熟悉的物品,但作为建构材料具有不太规整的特点。所以,B组幼儿在使用椅子进行建构的时候,遇到了困难。第一次,他们翻转椅子得以解决;第二次却没有办法在第一层椅子上面继续叠高搭建第二层。于是,他们退而求其次把"金字塔"改成了"宇宙飞船",满足了他们自己利用建构作品玩游戏的需求。

牢固的底基

A组幼儿被B组幼儿的"宇宙飞船"吸引了,他们也围拢过来。小雨问:"你们的'金字塔'怎么变成'宇宙飞船'啦?"快嘴的小毅回答道:"搭不上去了,我们就改了!"阿哲默不作声,一直在玩"驾驶飞船"的游戏。晗晗绕着"金字塔"走了一圈说:"你们搭的这个方形是弯的,斜来斜去肯定不牢固。"A组其他小朋友马上异口同声说:"对的,一定要整齐才能牢固。"阿哲似乎听进去了,他从围成方形的椅子圈里爬出来,一边走一边数(见图2-22-6)。小雨和阿哲同时发现其中有一条边上多放了一把椅子,这导致方形一直不够规整。于是,他们把多余的椅子撤掉,还把椅子相互靠拢,这样一来"金字塔"的底基看上去方正和平整多了。

图2-22-6

观察与分析

大班幼儿接触到了很多的建构材料,其建构技能也相当丰富,他们不仅能综合运用这些技能,还能迁移建构的经验。所以,晗晗在听说"金字塔"搭不上去以后,就从"是否牢固"的角度去思考和发现问题。阿哲在听到同伴的对话后也能迅速反应,通过点数椅子的数量来确认实际情况,这说明他知道椅子的大小、长短是一样的。

看似失败的"金字塔"改成"宇宙飞船"后竟然引来了A组幼儿的观摩,在对话与交流中,原本分属两个小组的幼儿又自然地融合成一个集体,共同解决建构中的困难,他们的合作、商讨自然而又有效。

木板辅助解决第二层搭建的问题

牢固的底基完成后,幼儿开始搭建第二层。一开始,思思尝试把第二层的椅子放在四脚朝天的第一层的椅子上(见图2-22-7)。其他小朋友说:"这样不行。"见孩子们实在想不出好办法了,教师问道:"你们需要其他材料吗？有什么可以帮助你们的？"阿哲说："我们用玩砖区的木板吧，把木板铺上去以后就可以搭第二层。"这个主意得到大家的响应，孩子们纷纷前往玩砖区搬木板，相互帮忙把木板平整地盖在第一层椅子上（见图2-22-8）。

图 2-22-7

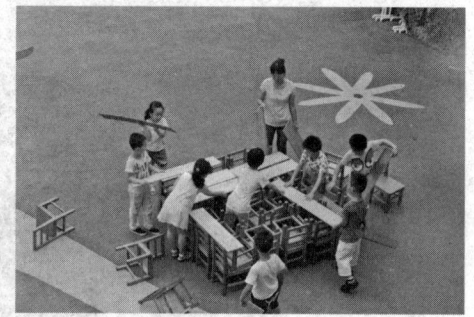

图 2-22-8

观察与分析

幼儿园为幼儿的建构游戏准备了各种各样的辅助材料，而且幼儿对于辅助材料的运用具有一定的经验。但在使用椅子进行建构活动的时候，幼儿没有想到借助辅助材料，是教师的提示提醒了他们，从而帮助他们顺利地解决了第二层建构的问题。

"金字塔"搭建成功了

第二层的建构一开始并不顺利，小雨和阿哲因为椅子的数量和摆放位置吵了起来。原来，阿哲在建构第二层的时候，让第二层的椅子和第一层的椅子对齐了，两层看上去一样大。小雨却说："这样不行，第二层应该少一点，看上去才能是尖尖的。"

其他小朋友就这个问题讨论起来，有的说金字塔是三角形的，有的说上面少放一把。最后大家试了试，决定第二层用三把椅子围边，椅子的位置也更靠里面一些（见图2-22-9）。小雨和晗晗爬到凳子上把四把椅子的椅背朝外搭了第三层（见图2-22-10）。下面的孩子边看边说："最高的一层可以用'对叠'的方法搭,用两把椅子就可以了。"

图 2-22-9

图 2-22-10

最后,"金字塔"终于搭建成功了(见图 2-22-11)。两组孩子玩起了"开火车去金字塔旅行"的游戏,最后他们还和雄伟的"金字塔"合影留念(见图 2-22-12)。

图 2-22-11

图 2-22-12

【游戏反思】

"金字塔"游戏源自幼儿无意识地用椅子玩游戏的兴趣。当为幼儿提供了数量充足的椅子和足够宽敞的游戏场地后,他们潜意识中萌发的还是建构游戏。可见,游戏的生成与幼儿本身的游戏能力、经验和兴趣是分不开的。

游戏中,幼儿的情绪随着作品建构的成败不断地起伏变化着。比如,幼儿因底基不稳无法向上建构,不得已改为"宇宙飞船"时的无奈;

借助辅助材料成功搭建后的兴奋；建构第二层时关于椅子位置的争吵，等等。当作品最后呈现在眼前时，幼儿真正感受到了成功的喜悦，自发地玩起了旅行游戏。可见，在幼儿进行建构游戏时，教师不仅要关注他们建构的作品，更要关注他们在游戏过程中投入的情感、表现的情绪、获得的体验和经验。

建构游戏无处不在，建构材料无处不在！相信建构"金字塔"的小朋友们今后还会用椅子建构出其他的作品，还会用身边的其他材料开展建构游戏。

（本案例由梁瑛老师提供）

案例23　中大班：地道战

【主题由来】

这段时间，孩子们学会了一种新的技能——匍匐爬。课间活动时，总是能看见孩子们匍匐在地上。有时，他们还会躲在桌子下面玩打枪的游戏。教师问孩子们："你们在玩什么游戏呀？""我们在玩'钻地道打仗'的游戏，我们在电视上看过。"孩子们回答道。地道战——多有趣的一个游戏！由此，户外自主建构游戏"地道战"正式开始了！

【前期准备】

（1）材料准备：啤酒桶、木板。

（2）经验准备：幼儿观看过《地道战》的视频。

【游戏历程】

地道太窄了

户外自主建构的音乐响起来了，孩子们陆续来到场地上自觉地戴好手套准备开始游戏。尹博灏提议："我们今天来玩地道战！"孩子们一听立马活跃了起来："地道战，那不是解放军叔叔玩的游戏吗？一定超级好玩!"接下来,孩子们分头取材料建构起地道来。

尹博灏拿来两个啤酒桶摆在了地上,说:"这是地道的入口,我们从这里进去!"孩子们一个个拿着啤酒桶摆了起来(有的是摆在入口的后面,有的是摆在了入口的前面)。尹博灏叫了起来:"你们要跟着我摆,跟在我的后面摆,这里(用手指着入口处)不要摆过来了!"

一会儿,一条长长的地道就建好了。这时,邵静雨发话了:"不行不行,地道太低了,挡不住人。"(她指的是啤酒桶的高度不够)几个孩子又一起搬来了啤酒桶往上建构,一开始他们将上层啤酒桶和下层啤酒桶对齐叠高,垒了三四个后就发现不对劲了:第二层的啤酒桶不牢固,看着要倒下来。于是,孩子们又将之前叠好的啤酒桶拿了下来。"我发现了一个好办法,把啤酒桶放在两个啤酒桶之间就不会倒下来了!"一名幼儿叫道。

方法找到了,很快一条又长又高的地道建成了。孩子们迫不及待地要去里面走一走,可是刚走进去就说:"哎呀,太窄了,好难走呀!"(见图2-23-1)"那怎么办呢?"教师问孩子们。"要把它变宽,重新搭!"孩子们纷纷说道。教师又问道:"需要全部推倒重新搭建吗?你们有没有更好的办法,能又快又方便地把地道变宽呢?"这时,尹博灏说:"只要这一边往外移一移就可以了!"于是,孩子们一起将啤酒桶往外挪了挪,一条宽宽的地道就出现了,孩子们兴奋地在里面进行葡匐爬(见图2-23-2)。

图 2-23-1

图 2-23-2

🔍 观察与分析

建构"地道"需要平铺和叠高的技能，但是这里的叠高又和平时的对齐叠高有所不同。由于啤酒桶两个底面大小不一，当幼儿和平时一样对齐叠高时，发现啤酒桶很容易倒下。之后，他们通过寻找原因和尝试，找到了一个好方法，说明幼儿在教师的引导下能尝试自我发现问题和解决问题。

案例中的尹博灏俨然一个小队长，设置入口，带着同伴一起建构，说明他的游戏能力比较强，也能很好地与同伴合作。当地道建构完成后，孩子们通过时又发现地道太窄了，说明幼儿缺乏对地道宽度的预估。最后，幼儿想出了一个好办法——只移动一边就能把地道变宽，说明幼儿能较冷静地思考问题，从而获得解决策略。

带有射击口的地道

地道建好了，孩子们开心地玩着打枪的游戏，"叭叭叭……"可是没有"敌人"，这怎么玩呀？尹博灏说："我们应该分成两组来玩！"他的这个提议得到了大家的赞同。于是，孩子们自发分成了红队和黄队，每队还设了小队长。黄队小队长说："我们还得再建一条地道，这样才能打仗！"于是，孩子们又一起搬来了啤酒桶，建构了另一条地道，这回他们设计好了宽度，能在地道内自如地行走。

两条地道建好了，孩子们还去"野战训练营"里找来了许多枪，开始了对打的游戏，"叭叭叭……"你打来，我打去，好不热闹！（见图2-23-3）这时，红队队长又发现问题了："我们这样站着很容易被敌人打中，大家要蹲下来！""可是，蹲下来就看不见敌人了。"有幼儿说。"要不我们建个窗户吧，这样枪就可以伸出去了。"商量好后，孩子们就来找教师，要求暂停游戏，大家一起来建个窗户。"窗户？是干什么用的呢？"教师故意问道。"可以把枪伸出来打敌人。""哦，你说的是射击口吧？"可是，这个射击口应该怎么建构呢？孩子们也很困惑，不知该怎么办。"这样吧,你们在附近找找材料,看能不能用来建构射击口,好吗?"教师提醒孩子们。

图 2-23-3

于是,孩子们开始寻找,有的找来纸箱,但纸箱是封闭的,无法"把枪伸出去";有的找来轻质砖,但因为啤酒桶的表面有环扣,无法为轻质砖提供平整的建构底面。最后,邵静雨搬来了几块木板,说:"可以试试看哦!"孩子们开始研究起木板来。"我有办法啦,把啤酒桶中间空出一点位置,把木板架在啤酒桶上就可以啦!"尹博灏大叫。孩子们立刻行动了起来(见图2-23-4),不一会儿,一条带有射击口的地道呈现在大家的面前。孩子们可以躲起来玩打仗的游戏了。

图 2-23-4

🔍 观察与分析

幼儿在游戏中发现了问题——打仗需要有敌人，于是进行了分组游戏，体现了幼儿较好的协商能力。在建构第二条地道时，幼儿吸取之前的教训，对地道的宽度进行了事先的设计，说明幼儿能自然地将经验迁移。

射击口的提出，反映了游戏进程中，伴随着幼儿的需要，游戏情节也得到了不断地丰富。同时，射击口的建构是幼儿的一个"瓶颈"，因为在没有辅助材料的情况下，单纯依靠啤酒桶是无法完成的。

在教师的引导下，幼儿找来了不同的材料，经过多次尝试、比较，最后确定用木板来建构射击口；小队长尹博灏还想出了好办法，运用架空的技能来建，幼儿的协商、合作、自我解决问题的能力进一步体现出来。到这里，地道已经不是我们在电视中常见的那种，它被赋予了新的生命，是孩子们的想象力创造了它。

坚固的堡垒

正当大家打得火热的时候，一名红队的小战士悄悄地钻进了黄队的地道内，给黄队的战士们来了个措手不及。"叭叭叭，你们都被我打死了！"这名小战士自豪地说。黄队战士们不依了，大叫道："你不能到我们这里来！"转过头，他们着急地跟教师说："老师，他犯规，跑到我们这里来了。"教师一看地道两头，口子大开着，说："你们好好想想，为什么红队战士会这么容易钻进你们的地道内？""地道两头都开着，没有门，要把它封起来！"黄队队长立刻发现了问题。"哦，我在电视里看见过，我们可以造座房子，圆圆的，人可以在里面往外面打枪。"一名小战士说。"你说的房子是堡垒，它可以用来帮助人们发现敌人和射击！""那我们就来建堡垒吧！"

孩子们又行动起来，他们将啤酒桶第一层呈圆形摆好，之后一层层地往上垒高，还不忘搭建一些射击口。可堡垒还没有完成，啤酒桶已经没有了。有孩子说："我们再去找找有没有别的材料！""老师，这个能用吗？"顺着孩子手指的方向，教师看见了存放枪的大塑料桶，笑着点点头。孩子们开心地把桶里的物品堆放在地上，然后把两个大塑料桶倒扣在堡垒顶上，哈哈，真不错！（见图2-23-5）

图 2-23-5

游戏继续进行，这时，不知是谁扔了一个纸团到红队的地道内，只听黄队大喊："炸弹来啦！"一瞬间，一大波的炸弹全往红队的地道里扔，红队急忙喊暂停，说："我们要修一下地道，不能让炸弹这么容易就进来！"怎么修呢？只见红队队长拿起了地上的木板，仔细地想了想，说："有办法了，我们把木板盖在地道上，这样炸弹就进不来了！"紧接着，红队的战士将一块块的木板盖在了地道上（见图2-23-6），把地道顶封了起来，黄队也学着把堡垒顶部封了起来。

图 2-23-6

🔍 观察与分析

幼儿能将生活中的经验带到游戏中来，提出要建一座房子——堡垒，并且能将堡垒的形状说得很清楚，说明他是一个观察仔细的孩子。当幼儿开始建构堡垒时，他们先在地上建构了一个圆形，然后往上垒高，说明幼儿已具有较好的空间感，能在直线建构和曲线建构上很好地转换。当建构的过程中遇到大难题——材料不足时，幼儿能灵活地寻找材料进行替代，最后将堡垒建构完成。

"炸弹"的出现又激发了新的建构火花，使得幼儿要把地道封起来。他们利用木板来封顶，说明他们已能很好地运用辅助材料，也体现了他们灵活多变的思维方式。

超级地道战

地道终于全部完成了，孩子们戴着帽子，拿着枪开始玩起来。只见他们蹲在地道内，从射击口伸出枪，瞄准，发出"叭"的一声，并大叫道："哈哈，你被我打死了！"一会儿，"牺牲"的小战士又复活了，急得对方的战士大喊："你已经死了，不能再起来了，快躺下去！"黄队战士拿起"炸弹"用力一扔，落在红队地道的顶上，红队的小战士见状很得意地说："哈哈，扔不进来了吧，我们有顶呢！"一场超级地道战正火热地进行着……

【游戏反思】

上述案例中的教师注重日常生活中对幼儿兴趣的观察，在此基础上为幼儿创设了一个"地道战"的游戏情境，将建构与游戏很好地融合在一起。幼儿在游戏中不断地发现问题、解决问题，因为这些问题是游戏过程中的"真问题"，所以促使幼儿对建构活动更加喜爱，并在游戏中收获了许多经验。

在整个建构过程中，教师给予幼儿更多的是"放"，即"放手"让幼儿自主建构、自主发现问题，"放手"让幼儿与同伴交流、协商、合作，

最终解决问题。当然,这个"放"并不是放任不管,当幼儿遇到难题无法解决时,教师就会适时地介入。比如,案例中当材料不够时,教师的点拨就显得很重要。

本次游戏的不足之处主要表现在:

(1)材料不足,建构受限。活动中幼儿还有很多的想法,但由于主体材料——啤酒桶不足,导致他们的许多想法无法实现,在很大程度上限制了整个建构活动。后续,教师还需继续收集材料,增加啤酒桶的数量。

(2)建构技能比较单一,挑战有限。在"地道战"的建构活动中,幼儿所能提升的建构技能比较有限,主要是叠高、架空和封顶。对大班幼儿来说,这几个建构技能已经不能完全满足他们的需要了。如果教师能提供多样化的辅助材料,让幼儿挑战更多的建构技能,幼儿会玩得更尽兴。

(本案例由赵红燕老师提供)

案例 24　中大班:水管迷宫

【主题由来】

又到了建构游戏时间,游戏前教师问道:"今天你们想用水管搭建什么呢?"

"搭一条长长的马路吧。"轩轩迫不及待地说。

"不好不好,这个太简单了。"娇娇小朋友立刻提出了反对意见。

"那搭什么好呢?"多多轻声地问道。

"是啊,我们一起想一想。"教师继续鼓励孩子们。

"要么搭房子吧!"语荨提议。

"好的,好的……"个别小朋友表示同意。

"我们一起搭一座大大的迷宫,好吗?还可以走迷宫呢,很好玩的。"娇娇兴奋地对同伴们说。

大家十分赞同,边跳边拍手叫好:"我们要搭一座大大的迷宫,超级大迷宫……"于是,迷宫建构主题就此产生。

【前期准备】

(1)材料准备:三种不同粗细的水管,分别被切割成30厘米、60厘米、90厘米、120厘米几种长度(见图2-24-1);各式接头(90度弯头、三通、145度弯头、斜45度三通等)(见图2-24-2)。

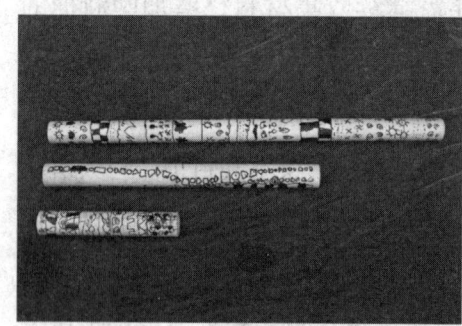

图2-24-1　　　　　　　　　图2-24-2

(2)经验准备:幼儿已经认识了所有的建构材料,并且有两次自由尝试搭建的经验;玩过迷宫游戏,对迷宫有一定的认知。

【游戏历程】

平面迷宫

确定了建构主题后,孩子们进入建构区取出材料开始搭建,他们将水管用各种接头连接在一起。帅帅说:"看,这是迷宫。"(见图2-24-3)

娇娇提出意见:"这样怎么走呢?迷宫是要两边都挡住,中间那条才是可以走的路。"(注:娇娇是指两根平行水管之间,才是迷宫的路)帅帅说:"那我们再重新搭。"于是,几个小伙伴一起调整了迷宫的搭法(见图2-24-4)。

图 2-24-3　　　　　　　　　图 2-24-4

过了一会儿，锋锋若有所思地说："迷宫里有很多路是被挡住的，走不了的，只有正确的路才能走到出口。""对的对的，我的迷宫书里都是这样的迷宫！""我的也是，只有一条路是通的。"孩子们兴奋地说着，就像成功地揭开了一个大秘密一般。"那我们怎么搭呢？"帅帅问锋锋。

锋锋说："就在这里放几根水管挡住，不就行了吗？"（见图 2-24-5）多多说："可这样放，水管会滚的啊！"锋锋思索了一会儿，说："这样吧，我们可以找个东西放在水管旁边，让水管不滚。""我们去材料筐找找看！"孩子们急忙奔向材料区。在一番选择、对比、替换后，孩子们兴冲冲地把教师拉过去，说："老师你看，我们用了三通，这样就挡住路了，我们的迷宫完成了！"（见图 2-24-6）

图 2-24-5　　　　　　　　　图 2-24-6

教师对孩子们竖起了大拇指，以示鼓励。"我可以走走你们的迷宫吗？进口和出口在哪里？"教师随后用提问的方式引导幼儿发现迷宫的不足之处。"哎呀，我们忘记做标记啦，迷宫书里都会有进口和出口的标记。"于是，锋锋拉着几个小伙伴一起利用材料制作了进出口标记（见图 2-24-7）。"现在可以走了！"说完，孩子们邀请教师一起走迷宫。

图 2-24-7

🔍 **观察与分析**

幼儿对于迷宫的认识基本都是通过有关迷宫的书获得的。书中的迷宫表现形式都是平面的，所以幼儿建构迷宫时自然也是从平面开始。

从建构过程可以看出，幼儿拼插连接水管的技能掌握得较好。通过两根平行水管之间的间距及布局走向，可以看出幼儿具有一定的空间认知能力，而这对于迷宫建构至关重要，可以让搭建活动继续深入进行。

立体迷宫

几次搭建后，孩子们渐渐地对平面迷宫失去了兴趣。教师做了大量的准备后，决定另辟蹊径。游戏前，教师组织幼儿围坐起来进行了讨论。

"之前大家搭建了平面的迷宫，很成功。那你们玩过立体的迷宫吗？"

"老师，我没有玩过，立体的迷宫是什么样的？"星星很好奇。

"你们看,我这里有很多立体迷宫的图片,我们来欣赏一下。"幼儿围坐成一个圆,仔细观察了起来。

"我知道了,通道两边是高高立着的墙。"锋锋很快就发现了不同之处。

"这个很难走的。"旁边的曦曦说。

"你们想不想试着搭建一个立体的迷宫,难度更高也更好玩哦!"教师建议道。

"好,肯定很好玩。"孩子们毫不犹豫地接受了挑战。

大家仔细选取着材料,然后你搭、我扶,分工合作。他们想让这些水管"站起来",但这似乎并不像想象中得那么容易。孩子们的力量有限,而要想将水管和接头插紧,需要较大的手部力量,所以,这里还是需要教师的帮助(见图2-24-8)。

时间一点点过去,一条条迷宫道路渐渐建成了(见图2-24-9)。

图2-24-8

图2-24-9

"这个圆洞里还能插水管,这样就有更多的路了!"铭铭说。

萱萱很是赞同:"对,路多了,迷宫就更好玩了"。

"那我们赶快搭吧。"锋锋号召大家继续行动。不一会儿,更复杂的迷宫就搭好了(见图2-24-10)。

图 2-24-10

🔍 **观察与分析**

在建构立体迷宫时，幼儿出现了分工与合作，这是之前建构平面迷宫时没有的。搭建立体迷宫时，除了搭建者，还需要有扶水管的人，从而保证在没有搭好足够的支架时，水管不会倒下。这样的分工，是幼儿在搭建的过程中自然形成的。

搭建后的水管为幼儿提供了更多的搭建通道的可能性，当幼儿观察到水管的这一变化时，能发挥创造力继续搭建，说明他们的思维在游戏中被激活了。

超级大迷宫

迷宫差不多完成了，可是看上去跟图片中的迷宫不太像。

棒棒说道："通道旁边空空的，可以钻过去的，不像一面墙。"

语荨说："是的，这样就不像迷宫了！"

"那我们可以想什么办法呢？"教师将问题再次抛给了幼儿。

"可以拿东西挡住。"锋锋很爱动脑筋。

"可以拿那块纸板。"星星一眼就看到了叠放在一旁的纸板。不等教师说话，孩子们就动手搬了起来。别说，这么一挡，还真的有了迷宫的感觉（见图 2-24-11）。

萱萱说："迷宫里还应该放些东西，走错的人要受惩罚。"（注：萱萱说的是迷宫书里出现的迷宫的障碍物，如一个陷阱）于是，孩子们再一次完善了超级大迷宫（见图2-24-12）。

图2-24-11

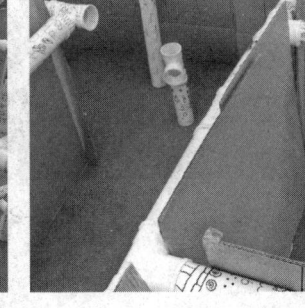
图2-24-12

观察与分析

幼儿注重对建构物的观察，能对自己建构后的作品进行细节上的调整和完善，让作品在形态上更接近实物，甚至能发挥想象进行创造。这说明他们的创造性表征能力增强了。

幼儿在建构中联系自己对迷宫的理解，恰当地运用了放置在旁边的纸板作为挡板，使迷宫的隐秘性增强。这说明他们运用材料的能力增强了。

走 迷 宫

超级迷宫完成了，孩子们欢呼雀跃。"我们玩走迷宫游戏吧，看谁先走出迷宫。"娇娇对几个同伴说。这一建议得到了其他孩子的热烈响应，大家开始排队进入迷宫，进行游戏。"老师当裁判，谁走到有机关的地方就要接受惩罚。"锋锋提议道。教师欣然接受了这个任务。

孩子们兴奋地穿梭在自己建构的迷宫中（见图2-24-13）。

图 2-24-13

【游戏反思】

建构游戏的内容是幼儿自己讨论生成的，所以在游戏过程中，他们始终是以积极的态度投入其中，尽情享受着高度自由的创作空间，这也是教师对幼儿游戏的最大支持。教师退到幼儿的身后，而当幼儿有需要时，教师又用提问引导、配合参与的方式，做幼儿游戏的支持者。

游戏过程中不断出现新的情况和新的需要，教师提前设置、精心准备的"材料加油站"激发了幼儿的创意。

游戏中存在的不足主要表现在：教师应该根据幼儿的需要适当改进材料。活动中，教师将水管的长度定位为四个档次，但是最长的120厘米的水管不容易"站立"，而且幼儿的身高有限，在120厘米的水管上再接接头，有实际困难。后续活动中，教师可以在材料的提供上做进一步改进，或者根据幼儿的身高提供相应的材料。

（本案例由姜娴老师提供）

案例 25　中大班：马路上的风景

【主题由来】

马路是幼儿生活中常见的，他们每天走在马路上，对马路上的标志、路边的设施都非常熟悉。他们知道马路上有红绿灯、斑马线，马路边有路灯；马路两旁还有各种商铺，如蛋糕店、大酒店等。因此，运用幼儿熟知的马路作为建构主题，可以激发他们的创造性。

【前期准备】

（1）材料准备：各种形状的积木。

（2）经验准备：幼儿有关于马路、高架桥、路边建筑物等的认知经验，已经制订了"游戏计划书"。

【游戏历程】

我们来搭大马路

来到游戏场地，大班的孩子牵着中班孩子的手开始商量搭建马路。芊芊对甜甜说："你去拿长方形的木块，我们从这里开始搭马路。"小妹妹很听话地去材料区搬了很多长方形木块来，两人合作把长木块一块块地平铺，很快一条笔直的马路搭建完成了。这时，旁边的洋洋说："错了错了，你们的马路搭得也太窄了吧，马路是宽宽的。我来和你们一起搭吧！"芊芊说："我们把两条马路连接起来，变成可以转弯的马路吧！"

孩子们开始对马路进行加宽，然后在转弯处用短的积木进行连接（见图2-25-1）。

图2-25-1

🔍 **观察与分析**

从案例中可以看出，在大带小混龄建构游戏中，大班幼儿会带着中班的幼儿一起游戏，商讨搭建内容，选择搭建材料。年龄大的幼儿在活动中居主导地位，愿意分配稍微简单些的任务给年龄小的幼儿。

活动中，有幼儿看到同伴搭建的马路后唤起了自己对马路的前期经验，提出了疑问："马路是宽宽的。"建构者采纳了同伴的意见，并提出将两条路连接起来。这表明幼儿已具备较高的游戏水平，会倾听同伴的意见，会调整自己的建构内容。

从搭建技能来看，幼儿选择了合适的长方形积木作为主材料进行拼接，表征马路是长长的、直直的，可以延伸到很远很远；选择了短的积木表现马路的转弯处。

马路上的高架桥

搭好了马路，芊芊说："我们还可以在马路的上面搭高架桥！我每天上幼儿园，爸爸都是把车开到高架桥上面的，下面的马路太堵了！"说完，她就去取长木板、圆柱形积木，甜甜也跟着去取材料。她们在马路上方搭起了高架桥，芊芊负责用圆柱形积木搭桥墩，甜甜则在上面铺桥面，不一会儿高架桥就搭建成功了（见图2-25-2）。

高架桥怎么和马路连接呢？她们俩在高架桥的头尾处用长木板连接，和地面形成一定的坡度。而其他孩子已迫不及待地在高架桥上搭起了各种小汽车。瞧，他们有的用小圆柱形积木当汽车的轮子，用半圆形积木当车身；有的用上了长方形、三角形积木组合拼搭了小火车（见图2-25-3）。他们还给每辆车都起了不同的名字，如嘟嘟车、面包车、大卡车等。

图 2-25-2

图 2-25-3

观察与分析

幼儿选用圆柱形积木、长木板搭建高架桥，并且能较好地把握桥墩的间隔距离进行架空连接。这说明对于间隔排列、架空等建构技能，幼儿已经掌握得比较好了。

当搭建好高架桥后，幼儿组合了各种小型积木来表征各种各样的汽车，凸显了他们的创造性表征能力。

马路边的建筑物

高架桥建成了，好几个孩子都玩起了"开车"游戏。此时，三四个孩子正兴致勃勃地边搭建边商量着什么。浩浩说："我们在高架桥旁边搭建服务区吧。"芊芊说："服务区里还有超市、厕所、饭店、停车场和加油站呢！"

大家先用平板积木规划出一个区域，然后在这个区域里建构服务区的各个分区。建构停车场的涛涛介绍道："我们设计的服务区里，大的这幢房子是用来吃饭的，小的这幢是双层停车场，后面还有很多单独的车位。"（见图 2-25-4）

图 2-25-4

加油站建构好了,丁丁说:"这是加油站,这边是收费站(见图 2-25-5),汽车如果没有油了可以来加油。这条是汽车上去的路,按这个按钮汽车加好油会自己下来的。"

有几个孩子还在马路边合作搭建了蛋糕店(见图 2-25-6)。芊芊介绍说:"这是我们搭建的蛋糕店,这里的蛋糕口味都是不一样的哦!这个是我们店里的招牌大蛋糕,有三层高,这些是不同口味的小蛋糕!"

图 2-25-5

图 2-25-6

搭建路边大酒店的辰辰介绍说:"这是嘉和大酒店(幼儿园旁边的大酒店),这是酒店吃饭的地方,因为中午会有很多客人来吃饭,所以我们搭了很多桌子和椅子,这样就不怕人多坐不下了。"(见图 2-25-7)

实践篇

图 2-25-7

🔍 **观察与分析**

从上面的案例可以看出，幼儿结合了自己的生活经验进行搭建。他们设计了"多层停车场"，可以停放更多的车辆，解决了人们生活中在服务区停车困难的问题。

主题建构物完成后，幼儿还结合当前的情境建构了更多的符合真实生活的其他作品，用于装饰主题建构物，使其更具有完整性、情境性。

好玩的马路游戏

建构完成后，有孩子提议："我们可以在搭建的作品上做标志，这样大家就知道它们是用来做什么的了。"于是，孩子们纷纷制作起标志来：有的用文字的方式表现建筑物的名称，有的用画画的方法表现建筑物，还有的把现成的标志摆放在建筑物相应的位置。

大家设计好自己的标志后，自主分配角色玩起了马路上的游戏。看，宁宁当起了交通小警察，在十字路口指挥车辆（见图 2-25-8）；浩浩在高架桥的收费站收费；还有一些孩子在蛋糕店、大酒店等着顾客前来。这时，中班的弟弟妹妹看到大哥哥大姐姐在玩有趣的马路游戏，也纷纷加入进来。

图 2-25-8

🔍 观察与分析

幼儿的表征能力和想象创造能力在游戏中得到了较好的体现。比如马路边上的加油站与停车场相比，明显是停车场大，且用积木进行了围合。同时，加油站里，幼儿设计了自动上行、下行加油的通道，表明他们的游戏假想达到了较高的水准。

活动中，幼儿的搭建已经处于较高的水平。比如在搭建酒店的大门时，幼儿把三角形材料组合搭成大的三角形作为大门的顶；又如他们把圆形和圆柱形积木组合垒高搭建蛋糕。

借助自己的建构作品进行角色游戏是幼儿体验建构成就感的方式。在角色游戏中他们会保护自己的建构作品，会运用角色语言进行社会性游戏；同时看到身边的小伙伴，会主动邀请他们加入游戏，真正实现了在建构中学习、在建构中游戏的理念。

【游戏反思】

整个建构活动中，幼儿既感受到了建构的乐趣，又体验到了借助建构作品进行角色扮演的快乐。游戏前设计的"游戏计划书"为幼儿的搭建起到了指引作用，使幼儿的建构活动更有目的性。通过大带小

的混龄建构，小年龄幼儿的建构技能得到了提升。

教师在整个建构游戏中以旁观者、合作者的身份参与其中，引导幼儿自主选择材料、选择同伴、选择感兴趣的内容进行建构。当幼儿遇到困难、产生分歧时，教师总是通过间接引导，帮助他们解决问题，让幼儿获得建构技能的提升。

游戏中存在的不足主要表现在：辅助材料欠缺。在建构活动中，教师为幼儿提供的建构材料只有积木，导致很多搭建的细节不能很好地体现，如马路边的绿化、建筑物的装饰等。后续活动中，教师可以投放相关的积塑，让幼儿可以更加细致地丰富细节。在角色游戏中，教师还可以为幼儿提供丰富的道具，帮助幼儿更加真实地开展游戏，同时要放手鼓励幼儿自己分配角色进行游戏，邀请更多的人参与到游戏中来。

（本案例由戴娜老师提供）

案例26 中大班：竹筏变形记

【主题由来】

"五一"长假归来，有的孩子带来了自己外出旅游的照片，大家围在一起讲着自己外出旅游的经历。其中，慧慧去桂林游玩的照片引起了大家的注意，大家对照片上的"竹筏"很好奇。有的孩子问道："这个是船吗？和我以前坐的船不一样！"慧慧得意地说："这叫竹筏！""我上次去我奶奶家也看见过这种竹筏。"丽丽说。竹筏引起了孩子们浓厚的兴趣，当他们进一步了解到竹筏是用竹子做成的以后，萌发了用幼儿园的竹竿建构"船"的想法。

【前期准备】

（1）材料准备：竹竿（直径4厘米，长度分别为60厘米、90厘米、120厘米，竹竿上间隔5厘米进行十字形打孔）；螺丝（尺寸分别为5厘米、10厘米、15厘米、30厘米）。

（2）经验准备：幼儿已经熟悉材料的基本玩法和技能，对各种船具有一定的认知经验。

【游戏历程】

竹 筏 悠 悠

来到场地上，孩子们开始找材料进行搭建。阿哲拿了几根长120厘米的竹竿尝试用螺丝将它们并列连接在一起，他将三根竹竿连起来后想要接第四根竹竿的时候遇到了困难。他扭头叫道："小雨，你快来帮我按一下，我要用螺丝把这四根竹竿连起来。"

小雨听到后跑了过来，他一边按着竹竿一边东看看、西瞧瞧地说："你这样不行，螺丝好像太短了。""那我去换根长点儿的螺丝吧。"阿哲马上换了根长螺丝，然后找到竹竿上的洞洞一个一个钻过去（见图2-26-1）。站在另一旁的时玄说："这些竹竿的孔没有对齐，用长点儿的螺丝也穿不起来的。"

图 2-26-1

正当孩子们一筹莫展时，阿哲灵机一动说："要不我们把竹筏的底分开来搭。"时玄好像听懂了，他拿了两根竹竿比画了一下说："可以像这样分开，上面再横架上竹竿。"于是，阿哲和时玄将原本紧紧并在一起的三根长120厘米的竹竿拆开，取其中两根分开放置，由原来的并在一起改成了分开排列,并把四根90厘米长的竹竿横放在上面,用螺丝将它们固定住。

"这个竹筏太短了,不像,"小雨又提出了意见,"我们在下面再接一段上去,这样竹筏就会长了。"于是,三个人又开始将竹筏延长(见图2-26-2)。最后,竹筏终于搭建成功啦!大家兴奋不已,坐在竹筏上拿竹竿当"浆"划(见图2-26-3)。

图2-26-2

图2-26-3

观察与分析

因受到竹竿孔洞不齐及螺丝长度等材料方面的限制,幼儿初步制订的方案受到影响不能实施,于是他们又开始尝试调整方案。在这个过程中,不论是关于竹筏的认知经验,还是对于竹筏造型的表征,幼儿都有了进一步的提升。

不过,活动中幼儿只用到了螺丝穿孔、拧紧螺丝的技能,在建构技能方面略显简单。制作的竹筏造型虽然比较接近真实的竹筏,但在建构表征方面缺乏挑战性。

帆船飘飘

几次活动后,孩子们已经不再满足于建构竹筏了。阿哲说:"我们在竹筏上装饰点东西吧!"小雨想了想说:"我们要让人家一看就知道这是我们做的。我们在上面插面小旗吧!"小雨从箩筐里拿了根长120厘米的竹竿试图将其立在竹筏上，可是总是失败。

"大家快想办法，怎么给它固定住呢？""用螺丝吧。"阿哲拿了根螺丝想将竹竿立在竹筏上面，但失败了。原来这根竹竿很长，最下端的孔洞用螺丝固定住了，但竹竿上面部分不稳，受到重力的影响还是会倒掉。时玄说："我们换到上面的洞试一试。"于是，孩子们又忙乎起来，把螺丝上移了一个洞口，把竹竿和竹筏的横杆固定住（见图2-26-4）。小雨又从旁边的"材料加油站"里拿出彩纸用记号笔在上面画了些标记，然后将它贴在了旗杆上。

图 2-26-4

阿哲看着旗杆大叫："竹筏变成帆船了，你们看像不像。""那我们干脆搭帆船吧，"小雨说，"帆船的船身两头应该是尖尖的，这样帆船才会开得快。"于是，大家找来两根60厘米长的竹竿用交叉的方式在船的一头搭了个三角形作为船头。小雨又提出："船的另一头要对称，这样才好看。"于是，大家又用同样的方式在船的另一头搭了个三角形的船尾（见图2-26-5）。

实践篇

图 2-26-5

🔍 观察与分析

在搭建旗杆过程中，幼儿初步感知到：当建构材料比较长，难以固定时，一方面可调整孔洞的高度；另一方面可将旗杆支撑在地面上以增加受力面积。

在整个帆船的建构过程中，小雨对帆船两头尖尖的造型特别敏感。当建构出船头后，她强烈地建议用相同的材料和方式建构船尾，这说明小雨对建构中的"对称美"具有强烈的表征愿望。

威武的龙舟

随着端午节的来临，孩子们又对龙舟产生了浓厚的兴趣。建构活动时，孩子们又想搭建龙舟了。小雨说："我们能不能把帆船改造一下变成龙舟呢？"阿哲赞同："好的好的！"时玄问道："那龙舟长什么样呢？"小雨忙说："我在电视上看到过龙舟的样子，它的身体就是一条龙，很长很长。"于是，三个孩子将帆船三角形的船头上长60厘米的竹竿换成了长120厘米的，龙舟的头部瞬间长了不少。

"那我们用什么做龙头呢？还有龙的尾巴？""我们用纸板来做吧！"时玄从旁边的"材料加油站"拿来一块纸板，在上面画了龙头和龙尾，然后将它们用剪刀剪下来，贴在了船头和船尾上。

"龙舟的身体是很漂亮的,我们再在船身上配点'花纹'吧。"于是,小雨和阿哲分别把长60厘米、30厘米的竹竿和木片横放在船的四周,并用螺丝将它们固定住(见图2-26-6)。"我们再搭点船桨吧。"孩子们又用竹竿和纸板做了好几根船桨,龙舟终于完成了(见图2-26-7)。

图2-26-6

图2-26-7

🔍 观察与分析

本活动中,幼儿能关注到建构物细节的调整和装饰,以及龙舟的美观性,把建构游戏与美术活动完美地结合在一起。由最初简单的竹筏、帆船到后来的龙舟,说明幼儿的创造性表征能力增强了。

建构过程中,幼儿充分利用纸板等辅助材料,借助剪刀、双面胶等工具装饰完成了龙舟的龙头、龙尾、花纹以及船桨,这表明幼儿在建构游戏中能根据自己的需要综合运用辅助材料及工具。

龙 舟 竞 渡

龙舟完成后,孩子们显得十分兴奋,迫不及待地想赛龙舟。他们自发分成两组,每组幼儿自行分工,有的敲鼓,有的划船,一场龙舟比赛就要开始了。"不对不对,我们是不是还少了个队长?"小雨大声说道。"是的,队长负责发号施令,我们请时玄来当队长吧。"大家一致表示同意。

时玄大喊一声"开始",大家拼命往前"划"。顿时,鼓声、呐喊声、笑声混在一起,场面真是相当热闹呀!(见图2-26-8)

图 2-26-8

【游戏反思】

（1）建构主题不断升华。在竹筏—帆船—龙舟的建构过程中，幼儿的建构能力和水平随着作品的演化不断得到提升。期间，龙舟的建构还和端午节的主题课程交织在一起。由此可见，幼儿在主题课程中获得的经验不仅会引发建构灵感，也能迁移到建构游戏中。

（2）建构材料的选择更加适宜。除了竹竿和螺丝这些主体建构材料外，"材料加油站"较好地解决了游戏进程中幼儿不断出现的问题。特别是当幼儿想建构"龙舟"，而"龙头""龙尾"单靠竹竿等主体材料无法建构时，"材料加油站"中的纸板及笔、剪刀、胶带等工具就发挥了作用。因此，教师要根据幼儿的建构主题或者内容及时增补"材料加油站"的材料，在今后的游戏中还应发动幼儿一起来收集、管理"材料加油站"中的材料，因为幼儿对材料的熟悉程度会影响他们创造性使用材料的能力。

游戏中的不足之处主要体现在：船的造型不够丰富。教师可在活动前组织幼儿收集各种船的图片和照片，布置成主题环境；也可以开展相关的主题活动，以丰富幼儿有关船的外形特征、结构特点等方面的经验。后续游戏中，教师还应该适时地为幼儿提供各种类型的船模，以帮助他们建立更为丰富的表象。

（本案例由邬孝琼老师提供）

案例27 中大班：兵器馆

【主题由来】

当主题活动"我是三军总司令"逐渐深入时，各种各样的"兵器"深深地吸引了孩子们。他们把收集来的有关各种兵器的玩具、模型、图片、书籍等带到班级，布置了一个关于兵器的主题环境。同时，他们很自然地把对兵器的浓厚兴趣和有关兵器的经验反映到了建构游戏中。

【前期准备】

（1）材料准备：竹竿（直径4厘米，长度分别为60厘米、90厘米、120厘米，竹竿上间隔5厘米进行十字形打孔）；螺丝（尺寸分别为5厘米、10厘米、15厘米、30厘米）。

（2）经验准备：幼儿已经熟悉材料的基本玩法和技能，对兵器的类型、名称、造型等具有丰富的认知经验。

【游戏历程】

兵器建构计划书

"小柳，你想搭什么兵器呀？"哼哼问道。"我想搭大炮和冲锋枪，还想搭……"小柳一口气说了很多想搭的东西。哼哼的话引来周围孩子的共鸣："我也想搭大炮。""我还要搭坦克呢。""要不我们把要搭的兵器画下来，这样就不会忘记了。"小柳出了个好主意。"好的好的，我们把想搭的兵器做成一本小书。"于是，孩子们把自己想要搭建的兵器画在纸上，制作了一本《兵器建构计划书》（见图2-27-1、图2-27-2）。

实践篇

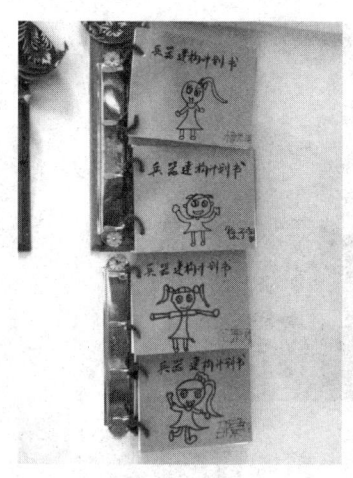
图 2-27-1

图 2-27-2

看，我的大炮

孩子们自己找朋友，合作建构。小柳和陈识炫一组搭起了"大炮"。小柳先拿了两根120厘米长的竹竿，将它们十字形交叉摆放好，并要求陈识炫将两根竹竿按住；他自己则负责用螺丝将它们拧紧，这样两根交叉的竹竿看上去像"大炮"的炮口；之后，他又拿来两根60厘米长的竹竿固定在交叉的竹竿两端，看上去像两个小炮口。

当他们觉得大炮的造型基本完成后，小柳再次翻看带来的兵器图册，又看看自己建构的大炮冲着陈识炫喊："大炮外面还有架子，快来看！"两个孩子发现真实的大炮外围有一个四边形的支架，于是他们找来长木片进行连接，并和架炮口的竹子进行了拼接。搭建完成后，小柳一边坐到大炮里面一边说："这里就是驾驶室。"（见图2-27-3）

图 2-27-3

冲锋枪，哒哒哒

哼哼和桐桐计划搭一支冲锋枪。桐桐将三根竹竿并列在一起，叫哼哼帮忙用螺丝将它们固定住。哼哼将螺丝穿过两根竹竿的孔，在穿第三根的竹孔时遇到了困难，他发现孔洞对不齐螺丝难以穿过去，他试了多次都没有成功（见图2-27-4）。桐桐看了看说："这个洞有困难的话，试试其他的洞行不行。"说着桐桐接过螺丝，让哼哼扶着竹竿，他一个孔一个孔地试，发现没有一个可行。桐桐说："还是换一根试试吧！"他找来其他长度一样的竹竿再试。试到第三根的时候，终于把螺丝顺利地穿了过去，冲锋枪做好了（见图2-27-5）。

图 2-27-4

图 2-27-5

观察与分析

两名幼儿在建构大炮时,起初紧紧抓住大炮的基本特点——炮口,进行建构表征。对比最后完成的作品与图册后,他们又增加了一个"驾驶室"——"大炮"外围的一个四边形的支架。可见,"大炮"图片起到了支持幼儿建构的作用。

在搭建"冲锋枪"时,因为竹竿本身不够平直,孔洞又是人工打的,孔距与孔距之间存在一些误差,导致幼儿穿螺丝时遇到了困难。出现问题后,桐桐主动找了一样的材料多次尝试后获得成功。可见,他具有更换材料的意识与能力。

坦克来了

建构完"大炮"后,小柳和陈识炫按计划又开始建构"坦克"了。他们先把六根竹竿横放当坦克的轮子,可是这六根竹竿怎么固定却是个难题。他们想在轮子两端用竹竿连接,但是由于竹孔很难对齐,尝试多次都没有成功。

小柳说:"坦克的身体应该是方形的。"他拿了三根30厘米长的竹竿横放在两块木板上面,又叫陈识炫帮忙将它们用螺丝固定住。然后把一根长120厘米的竹竿放在三根竹竿的中间当作坦克的发射口,这样就完成了坦克的造型(见图2-27-6)。

图 2-27-6

观察与分析

两名幼儿一开始的方案是用六根连续排列的竹竿表征坦克底部的轮子。同样因受到竹竿自然形态及竹竿孔距不齐等因素的影响，他们没能搭建成功。但他们没有放弃，也没有寻求教师的帮助，而是根据坦克的外形特征，紧抓坦克有并排的轮子这一特点，调整了竹竿的数量，转变了竹竿的方向，最终获得成功。此案例中，幼儿根据游戏中出现的实际情况调整游戏方案，体现了他们在游戏中的灵活性。

小小解放军

大家按计划将建构的各种兵器完整地呈现出来。"我们来打仗吧！"某个幼儿提议道。于是，"小小解放军"游戏开始了。孩子们来到幼儿园户外的"野战区"，穿上了迷彩服，戴上了迷彩帽，分成红蓝两队开始了游戏。瞧，他们有的扛着"冲锋枪"藏到掩体后进行埋伏（见图2-27-7）；有的两两合作开着"坦克"浩浩荡荡地来了（见图2-27-8）；还有的举着"望远镜"眺望前方埋伏的"敌人"。

图2-27-7

图2-27-8

兵器博物馆

"小小解放军"游戏结束后，孩子们意犹未尽。他们都舍不得将自己搭建的作品拆掉，问教师："老师，为什么要把我的'大炮'拆掉啊?""能不能把这些兵器留着下次再玩呢?"在孩子们的强烈要求下,"兵器博物馆"就这样诞生了。

根据参观博物馆的经验,孩子们首先制作了"邀请函",邀请其他班级的幼儿来参观(见图2-27-9)。

图 2-27-9

在"兵器博物馆"开放期间,孩子们还当起了讲解员,介绍自己的作品,并向参观的小朋友现场演示了兵器的使用方法(见图2-27-10、图2-27-11)。

图 2-27-10

2-27-11

【游戏反思】

本活动缘起于幼儿对主题课程"我是三军总司令"的兴趣和经验,兴趣促使他们积极主动地参与到建构游戏中,而经验支持他们在不断地调整中建构出一座"兵器博物馆"。此外，此案例中还留下了许多值得我们思考的问题。

（1）游戏既要有计划性又要有动态调整。大班幼儿已经具有初步的目标意识，他们制订的《兵器建构计划书》就充分说明了这一点。建构活动过后，教师让幼儿拿出《兵器建构计划书》对照建构结果。有的幼儿说已经完成了，有的说还没有全部完成，还有的说自己在中途改变了主意，搭建了其他兵器。由此可见，一方面幼儿在执行计划方面存在不同水平的差异；另一方面幼儿无法在制订计划时判断自己的建构能力、材料等多种因素，这样在执行计划时就出现了问题。所以，在建构过程中，教师要关注幼儿是如何根据实际情况动态调整原先的计划的。幼儿的这种审时度势的灵活调整是一种游戏能力的体现。

（2）一分为二看待材料存在的问题。活动中，竹竿之间的孔距的设计还不是很到位，大大削弱了一部分幼儿建构的积极性。但从另一个角度看，也正是这种不到位，迫使幼儿几次调整原先的设计和方案，不断地研究材料的可变性。相比顺利完成建构，这一挑战对于幼儿的发展意义更大。

（3）关注建构活动后的游戏演变。本案例中随着幼儿建构的作品越来越丰富，自然地演变出了角色游戏——"小小解放军"和"兵器博物馆"，将活动再次推向高潮。这也恰恰反映了建构游戏后期，幼儿会利用最后建构物开展其他类型游戏的一大特点。所以，教师不仅仅要关注建构活动中幼儿的建构情况、建构的作品，还要关注建构活动后期幼儿游戏的演变，了解幼儿获得了哪些方面的发展，最后游戏又是怎样自然消亡的，等等。

（本案例由邬孝琼老师提供）

案例 28　中大班：纸箱迷宫

【主题由来】

自由活动时间，桐桐和轩轩用纸箱玩起了"串门"的游戏，玩着玩着，轩轩发现了新玩法，他对桐桐说："这里好像迷宫，我们来搭个迷宫，玩一个迷宫的游戏吧。"

桐桐觉得这个建议不错，赶紧招呼其他小朋友一起来游戏，于是"纸箱迷宫"的游戏就这样开始了。

【前期准备】

（1）材料准备：经过各种处理的纸箱（见图 2-28-1—图 2-28-6），夹子。

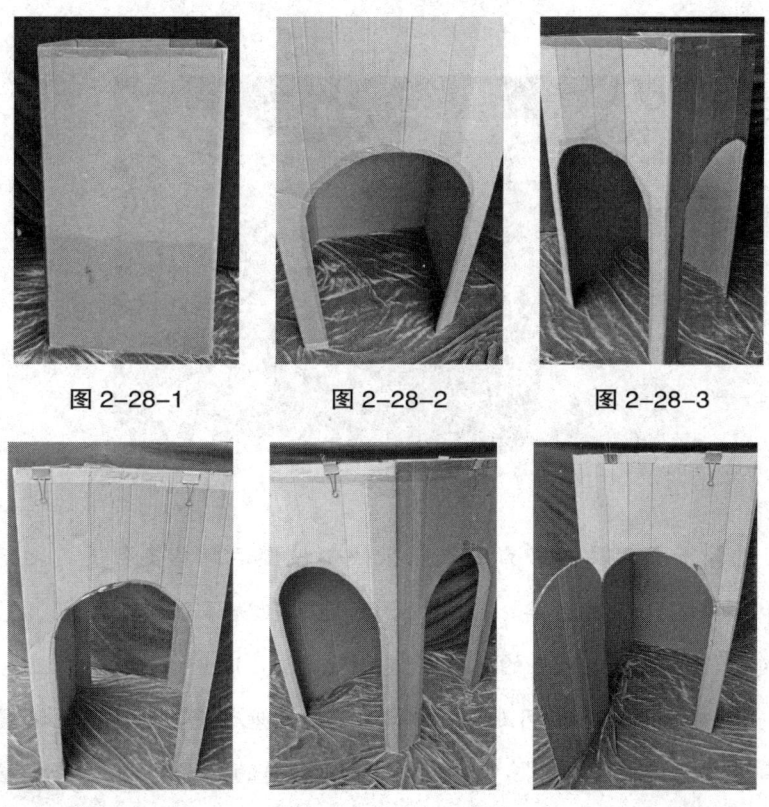

图 2-28-1　　　　图 2-28-2　　　　图 2-28-3

图 2-28-4　　　　图 2-28-5　　　　图 2-28-6

（2）经验准备：幼儿能把大型纸箱一个一个搬到敞开式的户外建构区，并对纸箱进行简单的组合。

【游戏历程】

纸箱搬家

游戏开始了，为了能尽快搭成迷宫，孩子们都使出全身的劲儿了。桐桐一个人搬了一个大箱子，吃力地往前挪，走两步停一下，费了好大的劲儿才把纸箱搬到指定位置。桐桐看见轩轩也在一个人搬纸箱，就对轩轩说："这个纸箱好重，你一个人根本搬不动，我们一起搬吧？"轩轩听了桐桐的建议，和桐桐一起搬，这样搬运箱子的任务一下子变得轻松了许多（见图2-28-7）。其他孩子看到他们的合作如此成功，也纷纷效仿起来。

图 2-28-7

经过孩子们的共同努力，纸箱很快都被搬运到指定位置。之后，孩子们开始将纸箱相互连接。可是由于空地上堆积了很多的纸箱，比较杂乱，孩子们有种无从下手的感觉（见图2-28-8）。

这时，聪聪发现了问题，他在一旁大声地说："我们要把纸箱分开点，不然就不能搭建了。"听他这么一说，别的孩子也都纷纷响应，他们又如蚂蚁搬家一样，把各自的纸箱往四周拖开。有了充足的空间后，纸箱都顺利地被撑开了（见图 2-28-9）。

图 2-28-8

图 2-28-9

🔍 观察与分析

在搬运过程中，幼儿在无法独自完成任务时，知道寻求他人的帮助，通过与他人合作搬运，顺利地将大型纸箱移到指定的场地。

同时，在摆放的过程中，幼儿也发现大型纸箱不同于以往的小型建构材料。由于纸箱较高、较宽，结果影响了幼儿的视线，导致他们把纸箱堆积在了一起，无法摆放开。但是很快，就有幼儿发现了这一问题并提出了建议，大家及时地进行调整，让游戏顺利地开展下去。

多变的迷宫

迷宫的搭建不同于以往的小屋拼接，需要幼儿不断地增加纸箱的数量，通过延伸的方式最终达到一定的长度，让幼儿有足够的空间在里面进行游戏。

刚开始大家都是沿着一个方向拼接，拼着拼着，聪聪发现：横向已经很长，但是纵向没有（见图 2-28-10）。于是，他大喊道："停一停，我发现问题了。"

大家都停下来，看着聪聪。聪聪指着箱子说："看，我们这样再搭下去，就不像迷宫了。这边太长，那边没有。迷宫，应该是有各个方向的。我们应该在这边也搭一些。"

听了他的建议,大家又忙碌起来。有的孩子往这边搭,有的又换了个方向,最终呈现了一个多变的迷宫(见图2-28-11)。

孩子们看着自己搭建的迷宫开心极了。

图2-28-10

图2-28-11

 观察与分析

刚开始搭建时,幼儿并没有考虑到如何利用纸箱进行拼接。随着游戏的深入,他们自己发现了迷宫线路的问题,并利用纸箱摆放与拼接灵活、随意的特点,模拟并建构出多种通道,使纸箱迷宫更具游戏性。

迷宫入口大转移

孩子们同心协力完成了"迷宫"后,就迫不及待地在里面穿梭起来。他们从入口进去,在里面寻找出口,玩得不亦乐乎。

然而玩了几次之后,形形发现了一个问题,她来到强子身边说:"强子,你看这个入口设计得一点也不好。"(见图2-28-12)

强子听了连忙问:"为什么?"

形形说:"你看,这个纸箱本身就只有两个口,这两个口一个都没有对着迷宫通道,从这头进然后直接就从那头出了,根本起不到老师说的要迷惑人的作用。"

强子听了她的话后,连连点头:"那怎么办?"

"我们把它转个方向,让纸箱的一个口对准迷宫的一条通道,这样就行了。"说着，两个人动手把纸箱转了一个圈。

看见一条通道出现在眼前（见图2-28-13），两个孩子高兴得手舞足蹈，再次加入游戏的行列。

图 2-28-12　　　　　　　　　图 2-28-13

🔍 观察与分析

幼儿结合前期的经验已充分认识到迷宫入口设计的重要性。在游戏过程中，他们发现了入口的设计缺少一些"迷惑人"的作用，立刻做了一些修改。虽然是局部细微的改变，结构和实效性方面却有一定的提升。

【游戏反思】

幼儿通过前期搭建纸箱的活动，对纸箱有了一定的了解。本次活动中，大家通过互相合作、协助搬运，努力使纸箱迷宫在整体结构上不断地扩大。尽管有一段时间出现了偏差，比如迷宫的某一部分越来越长，但教师并没有马上干预，而是让幼儿自己去发现问题、解决问题。

为了让迷宫的通道呈现出多样性及多变性，增加游戏过程中的趣味性，搭建过程中幼儿利用"交叉转向"的技能，使纸箱迷宫的通道可通向四面八方。

游戏中存在的不足主要表现在：

（1）材料单一，导致幼儿兴趣减弱。经过一段时间的操作，幼儿对纸箱迷宫由最初的迷恋到后来兴趣慢慢减弱，而且由于材料的局限，导致幼儿搭建的内容单一。要想让幼儿保持游戏的兴趣，教师就需要加入一些新鲜的元素。比如，把卡通图形放置在迷宫的某个点上，让幼儿同时从不同的入口进入，比一比谁先到达图形所在处。

（2）材料高大，导致幼儿无法整体感受自己的作品。由于纸箱很高大，每次游戏结束后，幼儿都不知道当天自己搭得怎么样，下次该如何改进。因此，为了让幼儿以后搭建的迷宫在外形结构上呈现出多样性，教师在活动结束前应带领幼儿走上二楼，从高处往下观看迷宫全景，并用手中的画笔勾勒出平面图。这样既能让幼儿鸟瞰自己亲手搭建的纸箱迷宫，产生自豪感，又能让幼儿在今后的搭建中取长补短，搭建出更具挑战性的迷宫。

（本案例由应文辉老师提供）

案例 29 中大班：长城

【主题由来】

孩子们来到"乐砖天地"，教师像往常一样带着他们围坐下来。"好久不见了，国庆长假你们都去哪儿玩了？"教师笑着问道。一个男孩拉着教师的手说："国庆节爸爸带我去北京了。我们还爬了长城呢，长城可长可长啦！"

"我没出去玩，妈妈带我到外婆家去了，不过长城我以前去过了，自己爬的。"贝贝紧接着说。"我没去过长城……""我也没去过。"一时间，孩子们的关注点都集中到了长城上。教师顺势让去过的幼儿介绍介绍他们眼中的长城，大家听得津津有味。"那我们这次就搭长城吧。"还没等教师说话，轩轩就迫不及待地提议了。这个提议得到了所有同伴的支持。"我们要搭很长很长的长城！"轩轩大声说道。

【前期准备】

（1）材料准备：大小不一的轻质砖、木板。

（2）经验准备：部分幼儿去长城游玩过。

【游戏历程】

长长的城墙

确定了搭建主题，孩子们兴奋地搬运着砖，采用围合的方式将它们摆放（见图2-29-1），说："这是长城的围墙。"

贝贝提出了意见："我觉得砖不是这样搭的，上一层和下一层应该要交错的，如果都是对齐的就很容易倒塌。"看样子贝贝很有搭建经验。诺诺说："长城城墙要搭成三角形状的，这样坏人更不容易进来。"于是，两个小伙伴一起调整长城城墙的搭法（见图2-29-2）。

图2-29-1

图2-29-2

站在一边的轩轩说道："你们搭的长城也太短了，我爸爸带我去过长城，我知道长城是很长很长的，我们一起合作搭得长一点吧。""好，那我们一起搭吧。"孩子们兴奋地说道。不一会儿工夫，长长的城墙就初具规模了（见图2-29-3）。

图 2-29-3

🔍 观察与分析

因为是中大班幼儿一起游戏，中班幼儿在游戏中与同伴合作意识不强，建构的作品比较小，导致刚开始搭的长城都比较短；有了大班幼儿的带领，大家逐步学会合作，长城在大家的努力下变得越来越长了。

在搭建城墙时，当幼儿把砖一块块对齐往上堆叠时，有小朋友指出到一定的高度容易倒塌，应该运用砌墙的技能调整和建构围墙，使围墙更加稳固。这说明，幼儿的搭建水平是不一样的。

烽 火 台

又到了建构游戏时间了，一个孩子一到场地便和大家说："我回家在电视里看过了，长城是弯来弯去的，不是直直的。"大家纷纷说："是的，我也看过了，弯弯的。""对，还有一个个高高的地方，妈妈说那叫烽火台。"贝贝说。于是，大家根据对长城的新的认识开始搭建，形象地表征了长长的城墙和烽火台（见图 2-29-4）。

图 2-29-4

🔍 观察与分析

建构活动激起了幼儿对长城的深入认识的兴趣,他们通过各种途径认识长城。在本次游戏中,幼儿说出了长城的更多特点并实施建构。比如两名幼儿将原来并不牢固的烽火台推倒重新搭建,在重建的过程中,砖块堆放的整齐程度也有所改进,烽火台不牢固的问题也随之解决了,烽火台的造型也比之前更加逼真;他们还将烽火台上方原本的小块轻质砖替换成了大一倍的大块轻质砖,解决了建构中有关宽度跨越的问题。

长城保卫战

城墙建好以后,孩子们在城墙上用砖和木板架空盖顶,形成瞭望口,至此长城建构完成(见图 2-29-5)。

孩子们一边欣赏着自己搭建的作品,一边讨论可以怎样借助长城进行游戏。他们从沙水区拿来了水枪,然后穿上雨衣、背上水枪,玩起了长城保卫战。他们在烽火台上、城墙边上,比赛谁的水枪射得远,不让坏人攻打上来,玩得不亦乐乎。

图 2-29-5

🔍 **观察与分析**

幼儿认为,长城上还应该有瞭望口,通过瞭望口观察长城外的动向,因此他们借助砖和木板,形象地进行了表征。

基于对长城由来的了解,建构完成后,幼儿借助水枪开展了角色扮演游戏,体验到建构的乐趣。

【游戏反思】

正值国庆假期归来,教师抓住了这一契机,跟随幼儿的兴趣自然地生发出建构长城的主题,充分尊重了幼儿的游戏自主性。

"长城"是幼儿心中最伟大的建筑。本次建构让还没有去过长城的幼儿有了认识它的机会。搭建、合作、深入认识、重新搭建……一步步的推进过程将这次的搭建游戏提升了一个层次。即便是单一的材料,通过不同的摆放方式以及不同层次的建构,也形成了视觉上的冲击,让幼儿之前学习的技能得到了有效的运用。

游戏中存在的不足主要表现在:教师预设、准备得不够充分。第二次活动前,教师应该为幼儿准备一些长城的图片,供幼儿在搭建时参考,特别是针对能力相对较弱的中班幼儿,此时的图片支架就显得尤为重要了。

(本案例由邬丽君老师提供)

案例30 中大班：动物乐园

【主题由来】

在一次以动物园为主题的美术活动中，孩子们描绘了他们记忆中的动物园，有可爱的长颈鹿、危险的鳄鱼、可怕的蟒蛇……小动物们以及动物园的风景都让他们充满兴趣，有说不完的话题。其中一个孩子提议："如果我们能自己建造一座动物园就好了。"于是，就生成了用纸箱建构动物园的建构游戏。

【前期准备】

（1）材料准备：大小不一的纸箱，螺丝，纸筒，麻绳，胶水。

（2）经验准备：幼儿去动物园游玩过。

【游戏历程】

孩子们虽然能用笔描绘出记忆中的动物园，但是如何用纸箱来建构一座动物园呢？小雨问："我们先搭什么呢？"涵涵说："先搭小动物吧。"于是，大家七嘴八舌地讨论开了。"我来搭小狗！""我来搭长颈鹿！""我来搭鳄鱼！"讨论、分工结束，小伙伴们纷纷行动起来。

小狗诞生篇

"老师，老师，你快来看我们搭的小狗。"涵涵迫不及待地请教师看他们的搭建成果（见图2-30-1）。只见他们搭建的小狗有了大概的造型，但没有细致的五官，并且小狗方方正正的四条腿看上去特别笨拙。于是，教师对涵涵说："小狗的四条腿又粗又大，跑起来一定很不方便。"这时，在一旁的君君说："用纸筒做小狗的腿，那样看上去会细一点！"

刚开始他们用了四个纸筒做小狗的腿，但感觉不太稳，就在每个纸筒旁边又增添了一个纸筒（见图2-30-2）。"但是，它看上去不好看，怎样才能让它变得好看呢？"天天提出疑问。涵涵说："我们把它的眼睛、鼻子、嘴巴、耳朵加上去吧。"大家决定按涵涵的建议做。涵涵又说："用纸箱吧！"天天说："纸箱太大了！"君君说："用笔画上去吧！"涵涵说："把纸箱剪开，剪成一条一条的，再卷起来粘上去做小狗的眼睛、鼻子、嘴巴。"

图 2-30-1

图 2-30-2

最后，大家决定采纳涵涵的建议。"快来看我们的小狗，我们的小狗做好啦！"涵涵高兴地招呼唤小伙伴们来观看他们的成果（见图2-30-3）。"哈哈，你们的小狗没耳朵！"玲玲笑着说。"别笑，别笑，马上就有了。"涵涵边说边开始行动。她用纸箱剪了两个圆形，粘在小狗脑袋的两旁。天天在老师的帮助下，还用纸箱给小狗做了一顶帽子，让这只小狗看上去特别可爱（见图2-30-4）。

图 2-30-3

图 2-30-4

长颈鹿诞生篇

"老师,你猜我们搭的是什么。"梦梦问教师(见图 2-30-5)。"长长的脖子,头上还有两只角的一定是长颈鹿吧?"教师说。"但是,它的眼睛、鼻子似乎不太像哦!"教师提出疑问。在一旁的天天急着说:"可以用制作小狗的方法!"虽然天天没有把话说清楚,但是小伙伴们都听懂了。

"长颈鹿要吃树上的叶子,所以嘴巴要长一点,在嘴巴上加一个小纸箱吧!"梦梦说。不一会儿,长颈鹿做好了,大家都说这只长颈鹿真漂亮(见图 2-30-6)。

图 2-30-5

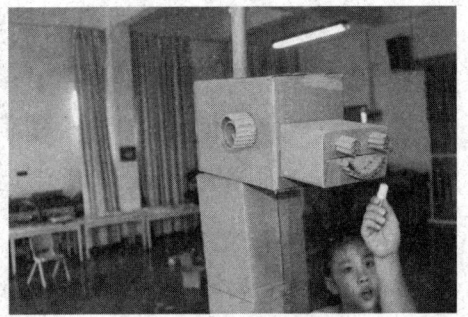
图 2-30-6

这时,在一旁的明明说:"这只长颈鹿没有尾巴!"梦梦说:"用什么做尾巴呢?""用纸筒做尾巴!"明明拿了一个纸筒放在长颈鹿的屁股上比画着。梦梦说:"我看到的长颈鹿的尾巴是细细的、长长的、软软的,这个纸筒不太像。"正当大家一筹莫展的时候,天天说:"用麻绳吧!"于是,一条可爱的麻绳尾巴诞生了(见图 2-30-7)。"长颈鹿做好了,哈哈,让我们和长颈鹿拍一张合影吧。"(见图 2-30-8)

图 2-30-7　　　　　　　　　　　　图 2-30-8

鳄鱼诞生篇

程程说:"你们看,我和你们搭的不一样,我搭的这个动物是在水里游的鳄鱼!我在动物园里见过。"(见图 2-30-9)"哈哈,你的鳄鱼是直直的一条,就像一根木头一样!"菲菲说。"对呀,我看到的鳄鱼的尾巴是弯弯的,会甩来甩去的。"小宇说。程程说:"鳄鱼的尾巴是一节一节的,一节一节的纸箱只能用胶水粘起来,粘起来之后就只能是直直的,而且不能动。"菲菲说:"可以用其他的东西连接尾巴吗?"

正当小朋友们感到困惑的时候,门卫叔叔路过并提供了帮助:"用螺丝固定,这样既可以连接纸箱,又可以让纸箱动起来。"可小朋友们好像不太理解到底该怎么办。于是,门卫叔叔拿来了螺丝,并进行了简单的示范:"在两个纸箱用来连接的部分用螺丝戳两个洞,然后打开纸箱,用螺丝进行连接,连接完毕再合上纸箱。"

这下小朋友们明白了,他们用门卫叔叔说的办法,把鳄鱼的尾巴连接了起来(见图 2-30-10)。

实践篇

图 2-30-9

图 2-30-10

菲菲说:"我看到动物园里的鳄鱼有四只脚,不仅可以在水里游,还可以在地面上爬行!"程程说:"我们用小纸箱给鳄鱼装上四只脚吧。"菲菲说:"鳄鱼的每只脚有两节,我们用两个小纸箱来表示。"(见图 2-30-11)

做完鳄鱼的四只脚之后,程程和菲菲围着鳄鱼说:"怎么看上去怪怪的,还少了什么呢?"一旁的悦悦说:"鳄鱼有大大的嘴巴和尖尖的牙齿。它的眼睛突出来非常大,很吓人。"程程说:"对呀,我们给鳄鱼装上大大的嘴巴和尖尖的牙齿吧。"于是程程向教师求助,教师建议他们用剪刀把纸箱剪一个大大的口来表示鳄鱼的嘴巴,至于牙齿嘛,就留给他们自己解决了。

图 2-30-11

鳄鱼的眼睛怎么做呢?程程说:"用同样的方法,把小纸箱剪一个大口表示眼皮,把黑色的纸揉成团做眼睛。"真是个好主意!

孩子们立即行动。不一会儿,鳄鱼的头部就制作完成了(见图2-30-12)。菲菲说:"我看到的鳄鱼,背上还有尖尖的刺。"程程说:"这个简单,我们可以用剪刀把鳄鱼背部的纸箱剪开,当作刺。"(见图2-30-13)

终于,鳄鱼活灵活现地呈现在大家面前。

图2-30-12

图2-30-13

观察与分析

幼儿在生活中的体验是对事物认识和理解的前提,正是有了这种认知的基础,所以他们能用纸箱构建出大致的动物造型。对小动物细节部分的建构是一个难点,一是因为幼儿之前没有关注过动物身上的细节部分,二是因为方方正正的纸箱很难表现动物身上的细节部分。

幼儿在游戏过程中解决问题的能力有较明显的提升,寻找合适的材料来表现动物的细节部分就是一个证明。比如,小狗的脚用四四方方的箱子建构看上去不灵活,幼儿就选用纸筒来代替;长颈鹿的尾巴用纸筒来建构显得笨拙,幼儿就想到用麻绳来代替;还有用纸片做动物的五官,把鳄鱼背上的纸箱剪开来表示背上的刺,等等。

另外,幼儿快速学习与模仿的能力也得到了体现。比如,制作鳄鱼尾巴的时候,因为用胶水固定导致尾巴无法转来转去,在门卫叔叔的示范帮助下,他们马上就学会了用螺丝固定,让鳄鱼看起来活灵活现。

实践篇

动物园诞生记

接下来,孩子们开始着手搭建围墙,他们认为有了围墙才算是动物园。

"哎呀,动物园怎么没有门呀?"涵涵说。天天说:"动物园里有两个门,一个是东门,一个是西门。"不一会儿,两个大门就造好了。"这么小,人很难挤进去,动物园的门都是很大的。"菲菲说。

"那我们用长条积木来搭建门吧。"涵涵说。于是,孩子们搬来了长条积木开始了搭建。"好啦,我们可以去动物园玩喽!""但是,动物园里每个小动物都是用围栏围起来的。"程程说。"对了,忘记搭围栏了,还有鳄鱼应该在水里,还要再搭一个小池子。"梦梦说。于是,孩子们找来了纸箱和奶粉罐开始搭建围栏和水池。

围栏和池子搭好后,大家开心地在动物园里游逛。

🔍 观察与分析

本环节,幼儿有效地运用了叠高、围合的基本技能搭建了围墙、围栏和水池。因为用来盖顶的纸箱的长度的关系,导致原先的门看起来很狭小,于是孩子们运用材料替代法,找到了长条积木,用之前习得的架空技能完成了动物园大门的建构。

在为鳄鱼搭建池子的过程中,孩子们放弃了纸箱,转而使用奶粉罐,也反映了他们能挑选适宜性材料的能力。

动物园游玩记

动物园搭建好了,有人提议到动物园游玩。菲菲说:"我在门口当动物园的检票员!"明明说:"那我当售票员吧!"程程马上说:"我来当导游。"梦梦说:"还少了动物饲养员,谁来当饲养员?"大家都抢着想做饲养员,经过商量,决定用"剪刀石头布"的方式决定谁来当饲养员。

就这样,孩子们愉快地开始了动物园游戏(见图2-30-14)。

图 2-30-14

【游戏反思】

活动中,教师并没有直接干涉幼儿,而是引导他们认真观察、比较,找到最合适的搭建方法。教师始终把引导的落脚点放在培养幼儿解决问题的能力上,使幼儿在搭建技能以外有了更大的收获。

游戏中的不足之处主要表现在:

(1)动物园内的场景构造比较简单。在建构之前,幼儿关于动物园的印象依赖的是游玩时的无意识记忆,关于动物园和动物的细节部分的记忆较少,所以只建构出动物园大致的场景和大型动物的外形。教师可以引导幼儿在周末和家长一起游玩动物园时,注意小动物的外形以及动物园里的构造;或者教师带领幼儿一起观看动物园的视频,让幼儿有意识地去观察,并运用到建构活动中。

(2)游戏中教师为幼儿提供的辅助材料不够充足。由于纸箱四四方方很难表现细节部分,因此,活动中所有的辅助材料都是幼儿提议加入的,并且是幼儿在其他建构活动中用到的材料。教师可以为幼儿设置一个"材料加油站",并且里面所提供的材料是幼儿在日常生活中能接触到的,如易拉罐、纸杯等,以便帮助幼儿较好地解决建构活动中出现的新情况和新问题。

(本案例由缪铮路老师提供)

参考文献

[1] 陈霞. 幼儿园结构游戏中的教师指导研究：以济南市幼儿园为例[D]. 济南：山东师范大学，2014.

[2] 戴学青. 学习环境的规划与利用[M]. 台北：心理出版社，1994.

[3] 丁海东. 学前游戏论[M]. 济南：山东人民出版社，2001.

[4] 董旭花. 幼儿园创造性游戏区域活动指导[M]. 北京：中国轻工业出版社，2014.

[5] 河边贵子. 以游戏为中心的保育：从保育记录出发进行解读[M]. 朱英福，熊芝，译. 上海：华东师范大学出版社，2009.

[6] 华爱华. 幼儿游戏理论[M]. 上海：上海教育出版社，1998.

[7] 黄瑞琴. 幼儿园的游戏课程[M]. 台北：心理出版社，1996.

[8] 蒋晨. 幼儿园支持性环境的创设[J]. 学前教育研究，2013（2）.

[9] 梁周全. 幼儿游戏与指导[M]. 北京：北京师范大学出版社，2011.

[10] 刘焱. 儿童游戏通论[M]. 北京：北京师范大学出版社，2008.

[11] 刘焱. 象征性游戏和学前儿童的智力发展[J]. 北京师范大学学报（社会科学版），1986：59-64.

[12] 马祖琳. 幼儿创造性思考的表征经验[M]. 台北：心理出版社，2009.

[13] 牛章叶. 结构游戏的意义及其指导[J]. 读与写杂志，2010（12）.

[14] 邱学青. 学前儿童游戏[M]. 南京：江苏教育出版社，2005.

[15] 上海曹杨三村幼儿园课题组. 3—6岁幼儿结构游戏的审美能力调查[J]. 幼儿教育，1998（4）.

[16]杨姗姗.幼儿园结构游戏材料配备与使用的评价研究[D].上海:华东师范大学,2009.

[17]张莹,华爱华.游戏时长对幼儿积木游戏行为与作品的影响[J].学前教育研究,2009(2).

[18]周红梅.当前幼儿园结构游戏存在的问题和对策探析[J].教育导报,2011(5).

[19]朱若华.幼儿园活动区材料投放方式与儿童行为的研究[D].上海:华东师范大学,2005.

[20]朱小红.浅析幼儿园游戏环境的创设[J].课程教育研究,2013(12).

万千教育 学前教育类书目

书号	书名	著、译者	定价(元)
幼儿园教师专业成长指导			
2547	认识婴幼儿的游戏图式	张 晖 等 译	48.00
2113	做会沟通的幼儿教师	胡剑红 等 主编	38.00
2236	幼儿园文案撰写规范与技巧	刘 敏 等 著	52.00
2311	幼儿园探究性环境创设（四色）	康 丹 等 译	48.00
2056	小脑袋，大问题（四色）	孟 晨 译	48.00
2309	破解幼儿园教师的90个工作难题	杜长娥 徐 钧 主编	52.00
2112	幼儿园优质教研活动设计方案	朱 清 等 著	38.00
1781	给青年幼儿教师的建议	吴邵萍 著	40.00
8470	答新手幼儿教师120问	刘洪霞 主编	28.00
1798	幼儿园新手教师指导手册	王 芳 等 著	48.00
1783	从新手到骨干——幼儿教师专业成长故事	尹坚勤 编著	42.00
1780	幼儿教师追求幸福的方法	余胜兰 著	42.00
9111	做个幸福快乐的幼儿教师——为你的专业成长支招	莫源秋 著	28.00

9047	幼儿教师临场应变技巧60例	冯伟群 著	25.00
8930	幼儿教师易犯的150个错误	伍香平 编著	32.00
0070	幼儿教师必知的礼仪规范	向多佳 编著	38.00
9611	幼儿园教师必知的60条教育政策与法规	洪秀敏 编著	34.00
幼儿园教师专业成长指导系列合计			**681.00**
幼儿园教师教学技能与活动指导			
2727	从头到脚玩绘本（全彩）	董旭花 张海豫 主编	78.00
2253	理解儿童心理从绘画开始（全彩）	陈侃 著	38.00
0760	幼儿园备课·说课·听课·评课	俞春晓 等 著	42.00
9499	幼儿教师必须修炼的10项教学技能	俞春晓 著	25.00
9454	幼儿园教学诊断技巧与对策58例	王春燕 等 著	38.00
9612	幼儿园综合主题活动 ——设计技巧与优秀案例	赵旭莹 等 主编	42.00
1235	幼儿园绘本美术活动创意设计（全彩）	郭莉萍 赵福云 主编	68.00
9323	幼儿园美术活动创意设计（全彩）	罗梅 赵福云 主编	56.00
0180	给幼儿教师和家长的81条美术教育建议（全彩）	李力加 著	62.00
9150	幼儿园节日活动精彩设计方案	刘洪霞 主编	35.00
9590	幼儿园语言活动创新设计	郭咏梅 著	32.00

......
欲了解更多图书信息，请登录：www.wqedu.com
联系地址：北京市西城区三里河路6号院2号楼213室 万千教育
咨询电话：010-65181109，65262933

*本目录定价如有错误或变动，以实际出书为准。